目次

豚を殺して偉くなる
――メラネシアの階梯制社会におけるリーダーへの道――

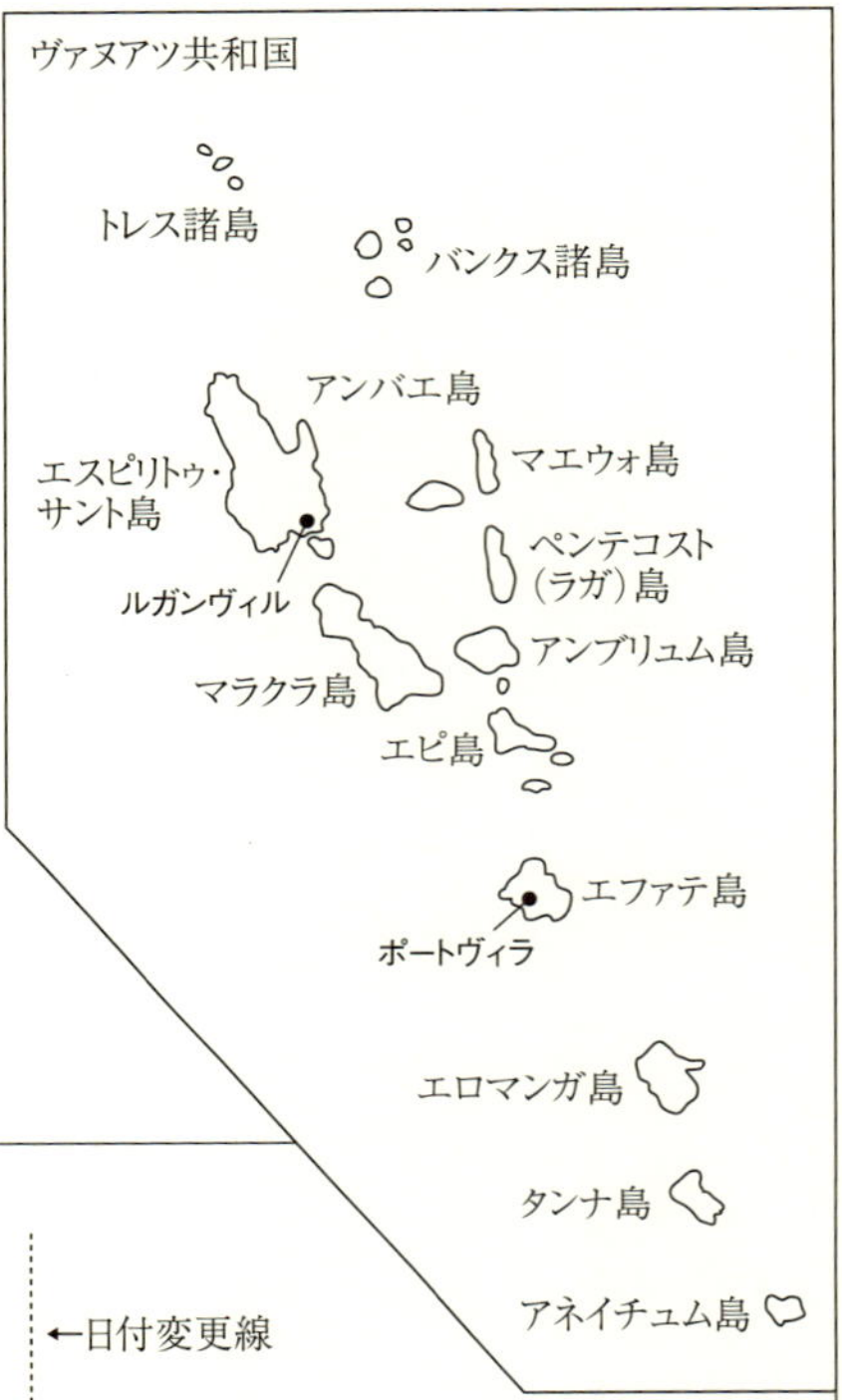

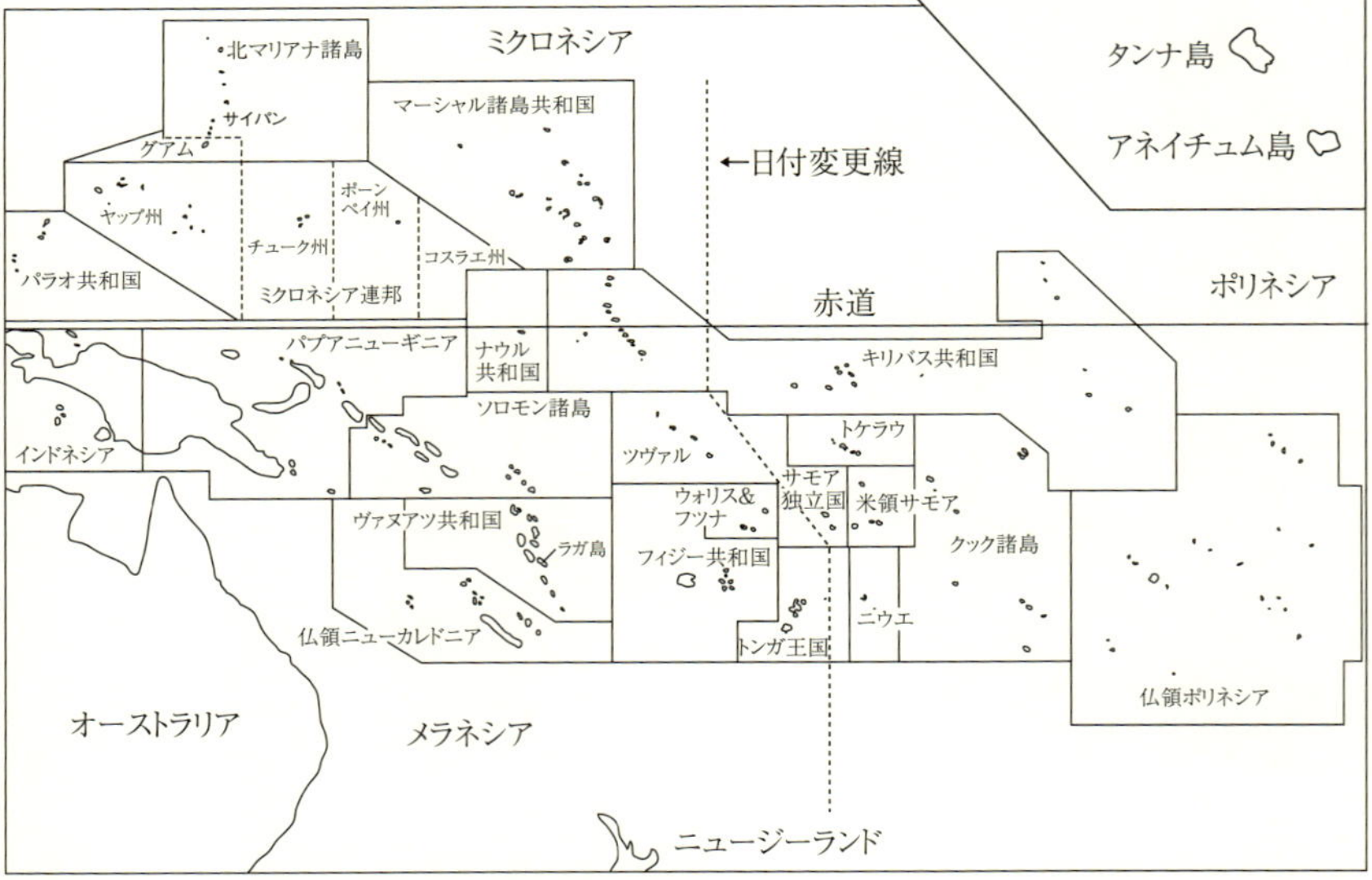

※ミクロネシア：赤道より北で日付変更線より西の地域、メラネシア：赤道より南で日付変更線より西の地域、ポリネシア：日付変更線より東の地域

豚を殺して偉くなる――メラネシアの階梯制社会におけるリーダーへの道

吉岡政徳

序

一九八一年七月二五日の早朝、私が滞在していたヴァヌアツ共和国のペンテコスト島北部の村で、ある出来事が起こった。フィリップ・タゲア(仮名)が死んだのだ。彼の住居には続々と村人が集まった。みんな大声で泣いている。深い悲しみを込めた号泣が村中を包む中、フィリップの死を告げる伝令が他の村々へ走った。

私の滞在していた村は、島の西海岸に面しており、海岸部とそこから三〇メートルほど登った高台、およびその間の傾斜地からなっている村落で、人口は当時で約二〇〇人。私は高台にある住居を借りて生活していたが、それは、私の父にあたる人物がこの高台に住んでいたからである。一九七四年、はじめてこの地を訪れたとき、私は伝統的な手続きで彼の息子となり、この地域の親族体系の中に入ることになった。彼は亡くなったフィリップの兄弟である。そしてこの地域の親族体系では、「私の父の兄弟」であるフィリップは、「私の父」にあたるのである。(1)

フィリップ自身は海岸部に住居をかまえていたが、海岸部には彼の家族だけが住んでおり、私の父も含めて何人かの親族は高台部に住んでいた。従って、葬儀はこの村の高台部で行われることになり、彼のなきがらは、高台に

写真１　私が滞在していた村落（1991 年）

写真２　ガマリ（1974 年）

あるガマリと呼ばれる集会所に運ばれた。この集会所は、かつては男性しか入ることが許されていなかったところで、中には食事を作るための炉が設けられている。キリスト教が浸透し、西洋的な思想が流入することで、女性もこの建物に入ることができるようになってきたが、私が滞在した村では、この集会所の一番奥の部分だけはいまだに女性立ち入り禁止の場所として設定されている。人類学の文献では、メンズ・ハウスとして言及されてきた伝統的な建物だ。

午後にもなると、他の村からも大勢の人々がやってきた。集会所に入る前に息を整えて、大声で「お父さん、おー！」「兄弟、おー！」などと泣き叫びながら一列になって集会所に入っていく。こうした人々の列が次々と訪れるのであるが、それが終わると、会食用の豚が殺される。続いて、死者の兄弟や姉妹から、死者の子供の中でも死者のそばにいた者や葬儀で必要なものを援助した者などに、豚の贈与が行われる。私はフィリップの息子の一人として葬儀の会食用に缶詰を提供したが、そうしたこともあってか、この贈与の場面で私の名前も呼ばれ、小さな牝豚をもらうことになった。

私は、この地域を離れるまでの残り約八ケ月この豚を飼った。私の家の前の木に豚をつないで、毎日、餌としてココヤシの実やイモの残飯を与えて育てたのだ。この地域では、種豚が村の中をうろつき、牝豚と交尾して仔豚が生まれると、それらの豚は牝豚の所有者のものとなる。そこで仔豚がたくさん生まれることを期待したが、豚が子供を産むくらい大きくなる前に帰国する日が訪れた。帰国の際にこの豚を私の姉の夫にあたる人物に贈与のような形で渡したため、その後何度もこの地を訪れたが、その豚が生んだ豚を私が手にすることはなく、結局私は自分の豚を持つことなく現在に至ることになってしまったのである。

さて、なきがらはその日のうちに村はずれの墓地に埋葬され、以後一〇日間毎日、彼を偲んで会食とカヴァの席が集会所で設けられた。カヴァというのはコショウ科の灌木で、ヴァヌアツでは、その根の樹液が嗜好品として酒の代わりに飲まれている。人々は、タロイモやヤムイモを焼畑耕作で生産する農耕民で、これらと一緒にカヴァも畑に植えているのだ。葬儀などの会食では、集会所の中にある炉で昼頃から蒸し焼き料理が作り始められ、夕方、男たちは畑から持ってきたカヴァを飲みながら、食事が出来上がるのを待つ。

一〇日目が過ぎてから以後は一〇日ごとに会食が行われ、フィリップが死んでから一〇〇日目まで続けられた。三〇日も過ぎた八月二六日、フィリップと同じ親族集団に属する男が、彼の九九日目にボロロリと呼ばれる儀礼を行なう、という話が持ち上がった。男の名前はジョージ・トア（仮名）。フィリップの兄弟に当る人物であり、故人を弔うためにこの儀礼を行うというのだ。

写真 3　カヴァの宴（1991 年）

写真 4　豚（1991 年）

写真5　身体を赤く塗って豚を殺す（1981年）

フィリップが死んで九〇日目の一〇月二二日には、村中総出で彼のためにセメント製の墓石を造った。翌二三日には、ボロロリ儀礼当日の会食用のイモを乗せるための柵が集会所の入口横に作られた。この日からボロロリ当日まで毎日集会所で会食とカヴァの宴が続き、ジョージが準備をしてくれる人々に振舞う。二六日には、ジョージがボロロリ終了後の宴用に購入した約七〇本のイモが棚に陳列された。棚に積まれたイモはそれでも棚の半分を占めるに過ぎなかったが、ボロロリ儀礼の前日には、村人が自発的に各自のイモを持ち寄って棚に積んでいった。

ボロロリは、この地方の人々が最も関心を寄せる儀礼である。その儀礼の中で男たちは豚を殺したり、貝製の腕輪やパンダナスで編んだベルトなどを豚と交換に手に入れるのである。なぜそのようなことをするのかと言えば、豚を殺したり腕輪などを手にいれることが、地位を上げるための条件だからである。この地域には階梯があり、男たちは最上階梯を目指してボロロリ儀礼を重ねていく。最上階梯に到達した男たちは、この地方の言葉でラタヒギと呼ばれる。これは、ヴァヌアツの共通語として用いられているピジン語でいえば[2]、チーフのことである。男はチーフと呼ばれるようになると、合議制で行われる村のチーフ達の会合に参加できるようになり、政治的な決め事に加わることになる。つまりは、地方の政治家としての活動ができるようになるのである。

一〇月三一日、ボロロリ儀礼が行われた。ジョージは、貝の腕輪を豚一〇頭と交換で手に入れ、豚を四頭殺して上から二つ目の階梯に入った。豚を殺すときに、フィリップが使用していたコップに水をいれ、それを豚の頭に注いだ後豚を殺したが、これは供犠の意味を持っているという。儀礼も終わり、夜一一時過ぎから集会所の入口の所でダンスが始まった。このダンスは結婚式、ボロロリ等の儀礼の後に行なわれる。これは夜を徹して行なわれた。夜中の〇時三〇分頃、棚に積まれていたイモと殺された豚の肉が集会所の中にある蒸し焼き用の炉に入られ、次の日の朝一〇時頃取り出された。フィリップが死んで一〇〇日目の一一月一日の朝、出来上った料理を人々に配り、徹夜で行なわれたダンスへのお礼が行なわれた。こうして長い長い喪の期間がようやく明けたのである。

ヴァヌアツはオセアニアの中でもメラネシアに位置しており、イギリスとフランスの共同統治ニューヘブリデスという植民地状態を脱して、一九八〇年独立した島国である（地図参照）。その北方に浮かぶペンテコスト島は、北部、中部、南部で異なった言語が話されている。私が滞在してきたのは北部の言語圏であり、ペンテコスト全体はその地域の言葉ではラガと呼ばれている。そこで本書では、以後、この地域のことを北部ラガと呼ぶことにする。北部ラガは、ヴァヌアツ独立運動のリーダーで後のヴァヌアツの初代首相となったウォルター・リンギの出身地であるとともに、イギリス国教会ヴァヌアツ教区の初代ヴァヌアツ人主教をも輩出した地域であり、ヴァヌアツの近代化の側面で大きな役割を演じてきた。しかしそれと同時に、伝統文化に対する自負心も強く、その中核となっているのがこのボロロリ儀礼なのである。ボロロリは様々な機会に行なわれる。上記のような喪明けを期して行なわれることもあるし、単に、階梯を登ることを目指して行なわれることもある。どのようなものであれ、現在でも脈々と行なわれ続けているこの儀礼は、北部ラガの人々の伝統の象徴にもなっているのである。

ところで、ヴァヌアツの人々は一般に、昔から続いてきたと考えられる伝統的慣習をピジン語でカストム（kastom: 英語の custom からの転用）と呼び、西洋と接触することで流入してきた伝統的慣習以外のものをスクール（skul: 英語の school からの転用）と呼んで区分している。北部ラガでもこの両者の区別は意識されており、後者は世界の情勢に合わせて変わるが前者は変わらないものとして位置づけられている。確かにスクールの側面は、グローバル化の進行とともに大きく変わってきた。私は一九七四年に初めて同地を訪れ、以後七回にわたってフィールド調査を実施してきたが、植民地からの独立、近代国家の建設、貨幣経済や学校教育の浸透などによる影響が年を経るごとに進行するのを見てきたのである。

一方、変わらないとされているカストムの側面も、当然のことながら現実には大きな変化をこうむってきた。特に一八〇〇年代の半ばにキリスト教が布教されて以来、伝統的な宗教体系が崩壊し、宗教的な事柄に関するカストムは劇的に変化した。変化したというより消滅したと言った方がいいかもしれない。その意味で、カストムの領域においても、「かつて、あるいは昔」（西洋世界と接触する以前）と「現在」（キリスト教や学校教育が普及した今）の間には大きなギャップがある。「現在」においても近代化の浸透はカストムの領域をますます侵食することで、カストムは変化を余儀なくされる。しかしこうした状況にあっても、人々は、「現在」という時間的くくりの中におけるカストムの変化には抵抗を続けている。例えば儀礼で用いる道具や衣装など個々の要素については変化があったとしても、人々はその内容や意味づけを変化させないようにしておこうとする。事実、私が一九七四年に観察したボロロリと二〇一三年に観察したボロロリは、中心となる儀礼的内容の部分については大きな違いはないということができるのである［吉岡 二〇〇五］。

以上の点を踏まえ、本書では、私が四〇年というタイムスパンの中で得たデータに基づいて北部ラガ社会のカストム（伝統的慣習）について記述していく。第一節「階梯制社会」では、階梯制の仕組みやボロロリ儀礼を詳しく紹介し、第二節「ビジネス・ピッグ」では、ボロロリ儀礼で行なわれる支払いや交換の仕組みについて考察していく。これらの記述では、長いタイムスパンの中でも大きな変化をみせていない部分が取り上げられる。続く第三節「贈与交換と互酬性」では、日本で見られる贈与の仕組みを例に挙げながら、一般的な贈与交換と階梯制社会で行われる交換や贈与との違いついて考える。第四節「あるリーダーを巡って」では、私を息子として受け入れてくれたあるチーフに焦点を当てて、カストムとスクール両面にわたって指導力を発揮してきたリーダーの姿を具体的に描く。

そして最後の第五節「階梯制におけるリーダーシップの構造」では、それを踏まえて階梯制社会におけるリーダーシップのあり方を考える。

一　階梯制社会

1　ヴァヌアツの階梯制

ヴァヌアツの伝統的な政治システムは大きくは中部・南部と北部で異なる。中部や南部は一般に首長制（チーフ制）と呼ばれるシステムを持っているが、それらはオセアニアの世界でいえば、ポリネシアやミクロネシアと共通である。典型的なものとしては、一人の人物を中心とした中央集権体制の政治システムであり、その地位は世襲で決まる。首長制の発達したポリネシアでは、首長、貴族、平民という階層化が行われたところもあるが、ヴァヌアツの首長制では、名目的には世襲制をとっていても個人の能力が加味されて次の首長が選出されたりしており、典型的なポリネシアのそれと比べると、周辺部に位置するといえる。一方北部の島々では階梯制が存在しており、北部ラガもこうした地域の中に含まれる。男子は誰でも一番下の階梯から一定の手続きを経て一番上の階梯まで登ることができるのであり、最上階梯に到達すると、首長制とは異なっているにもかかわらずピジン語ではチーフと呼ばれるようになるのである。

さて北部ラガには、現在、下から、タリ、モリ、リヴシ（ウドゥ、または、ンガライとも言われる）、そしてフィラという四つの階梯が存在している。各階梯に入るためには、男は豚を殺さねばならない。男子は通常、小さな子供のころ、父から豚を一頭もらってそれを殺す。それによってタリ階梯に入る。そして、さらに一頭もらってそれを殺しモリの階梯に入る。これらの「豚を殺す」という作業は、儀礼だって行われる。父親が宴を主宰し、宴で肉が必要になった時などの機会に、人々が集まっている集会所の前で、人々の面前で子供に豚を殺させるのである。そして豚を殺すと、子供には豚名と呼ばれる階梯にちなんだ特別な名前が付けられる。

一九七四年、私が養子になったのも、実はこの手続きによってである。私は、本書の第四節の主人公となる男性から豚をもらってそれを殺し、タリ階梯に入ると同時にタリハラという豚名を彼からつけてもらったのである。これで、形式的に私は彼の「息子」という位置づけになったのだ。私はさらに彼から豚を一頭もらってモリ階梯に入り、モルメメアという豚名をつけてもらっているが、そこから先には進むことができないでいる。先ほども触れたが、階梯を登るためには、各階梯にいる間に手に入れておかねばならない記章のようなものが存在している。モリ階梯にいる間に手に入れる必要があるのが、貝製ビーズの腕輪である。それを手に入れるためには豚が一〇頭必要である。私にはその豚がないゆえに、上の階梯に昇進できないのである。

ところで、北部ラガには、男子の階梯だけではなく女子の階梯も存在している。それは下からメイ、ミタリ、ミサレ、ミタライ、モタリという五つの階梯からなっており、男子の場合と同様に豚を殺すことで階梯を登っていく。しかし男子の場合とは異なり、ボロロリというような特別の儀礼の中で豚を殺すというわけではない。第二節二項で述べるが、男子の記章の一つとして設定されている女性だけで踊る壮大なダンス（「豚のハヴァンナ」と呼ばれている）を依頼されたときや、自分の結婚式のおりなどに豚を殺して階梯を登る。最上階梯に到達した女性は、まだチーフと呼ばれていない男性よりも位が高いとされており、かつては、低い階梯の男子が入ることが許されていなかった集会所の一番奥に、これらの女性は入ることが許されていた。現在はこうした集会所の仕組みがなくなったが、すでに説明したように、私が滞在していた村落の集会所は、今でも一番奥の部分だけは女性の立ち入りが禁止されている。そして、最上階梯に到達した女性は、この空間に自由に出入りできるのである。しかし、最上階梯に到達した女性でも、政治の場で発言することは許されていない。政治活動は、男性の領域なのである。

2　伝統的貨幣

北部ラガにおける伝統的な交換財で最も主要なものは豚であり、豚はいわば伝統的貨幣としての役割を演じてきた。今日独立国のヴァヌアツでは、ヴァツという通貨（一〇〇ヴァツ＝約一〇七円）が流通しており、都市部ではもちろんのこと、村落でも、商店での買い物、学校の授業料などはヴァツで支払わねばならない。しかし、村落部では現在でも人々は基本的に自給自足の生活を行っており、日常生活でヴァツという現金が多量に消費されることはあまりない。家を建ててもらったことへの支払いや、饗宴で必要な食料を調達したときの支払いなどは、主として豚が用いられるのである。

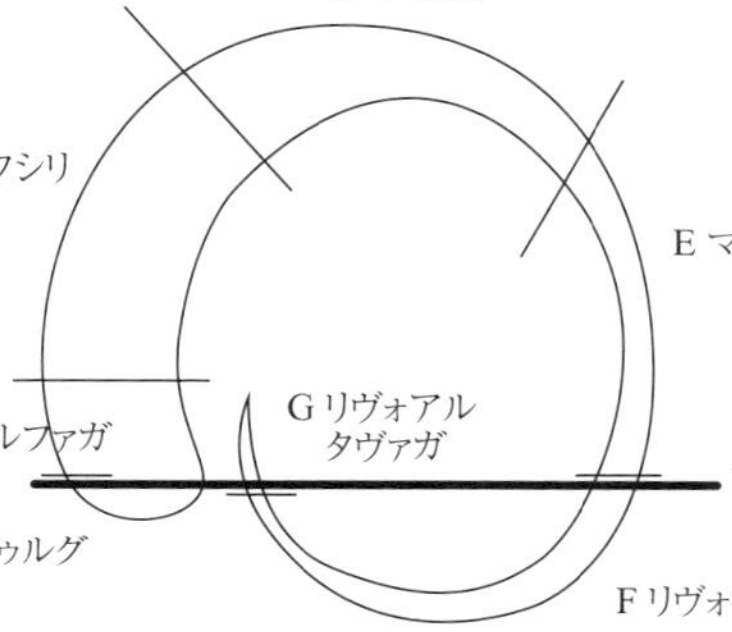

図1　豚の牙

支払いで用いられる豚は雄豚である。雄豚には弧を描くようにして牙が生え、その牙が大きいほど価値が高いとされる。雄豚は牙の大きさに応じて種類分けされているが、近隣の種類の豚はまとめて同一の等級とみなされる。図1は、これらの等級と牙のおおよその形状の関係を示している。等級Bは牙が生えてきたばかりの豚を、等級Cの豚は牙が上唇の上に出てきた状態の豚を、等級Dは牙が孤を描くようになった状態の豚を、等級Eは牙がさらに曲がった状態から下顎の骨に届くまでの状態の豚を、等級Fは牙が下顎の骨よりも下にまで伸びた状態の豚を、等級Gは牙が下顎の骨よりさらに上に伸びてきた状態の豚を指す。これらは牙のある状態の分類であるが、牙のまだ生えていない雄豚は、等級Aとしてまとめられている。

豚と並んでパンダナスの葉で編んだマットも伝統的交換財である。マットには四つの種類がある。一つは白っぽくて小さな白小マット、二つ目は、それを赤く染めた赤小マット。赤小マットは伝統的衣装でもあり、男はこれをふんどしとして、女は腰巻として使用しており、現在でも儀礼やダンスのおりにはこうした衣装が用いられている。三つ目は大きくて白っぽい白大マット、四つ目はこれを赤く染めてある赤大マットである。赤く染めてあるマットは白っぽいマットよりも価値が高く、儀礼的な場面で交換の対象となったり伝統的な貨幣として用いられるのは、すべて赤いほうである。

赤マットは、豚と並んで様々な支払いに利用される。儀礼の宴会用にヤムイモやタロイモが多量に必要となり、主催者の畑から獲れる分では足りない場合他の人からこれらを買う。この時その支払いは赤マットで行われる場合もあるし、豚で行われる場合もある。また、家を建てる技術を持った者にそれを依頼したときのお礼も同様である。大きな支払いが必要になった場合は、支払いは「これこれの等級の豚何頭」という形で請求されるが、足りない場合は、赤マットで代用することもしばしばある。豚と赤マットは交換可能であり、その交換レートもだいたいではあるが設定されている。それは、等級Aの豚は赤大マット一枚と、等級Bの豚は赤大マット二枚+赤小マット五枚又は一〇枚と、等級Cの豚は赤大マット三枚+赤小マット一〇枚と、等級Dの豚は赤大マット四枚+赤小マット一〇枚と、等級Eの豚は赤大マット五枚+赤小マット一〇枚と、等級Fの豚は赤大マット六枚+赤小マット一〇枚と交換できるというものである。ちなみに、赤小マット一〇枚は赤大マット一枚に匹敵する。

3　ボロロリ儀礼で豚を殺す

ボロロリ儀礼は男子の階梯制を具現する場である。階梯を登るために殺すべき豚の等級と数については表1の右側に示してある。規定としては一頭ずつ殺すだけでよいということになるのだが、先述のジョージの場合は、上から二つ目のリヴシ階梯に入るために殺すことが必要とされている等級Eの豚を含めて合計四頭の豚を殺している。

表1　かつてと現在の階梯および殺すべき豚

かつての階梯の名称	階梯に入るために殺すべき豚		その他必要とされる豚の撲殺		現在の階梯の名称	階梯に入るために殺すべき豚		その他必要とされる豚の撲殺	
	等級	数	等級	数		等級	数	等級	数
タリ	B	1			タリ	B	1		
モリ	C 又は D	1	何でも可	10*	モリ	C 又は D	1		
ウドゥ（ンガライ）（バンガ）	E 又は F	1			リヴシ（ウドゥ）（ンガライ）	E	1	何でも可	10*
リヴシ	何でも可	10							
フィラ	C 以上	10	何でも可 C 以上 D E** E** F G B 以上 C 以上	100 10 10 10 10 10 10 100 100	フィラ	F	1	E 何でも可	10 100

＊この場合の「豚10頭の撲殺」は特にセセと呼ばれる

＊＊「等級Eの豚10頭の撲殺」。等級Eは牙の小さめのリフバンバンナと牙の大きめのマンブーに区分されており、表の上側は前者の撲殺、下側は後者の撲殺となる

彼が豚を一〇頭殺していれば、表1における「豚一〇頭の撲殺」つまり、「セセ」と呼ばれる手順を一つクリアしたことになる。しかし、四頭殺しても九頭殺しても、一〇頭でなければセセにはならない。それならば、ジョージは、一頭の豚だけを殺してリヴシ階梯に入っておいたほうが合理的であろうと思えるかもしれない。しかし彼は豚四頭を殺したのである。なぜ必要以上のことをするのか？それは、豚を多く殺せば殺すほど、人々からの評価が高くなるからである。

表1の左側は、かつての「豚を殺す」ことと階梯の関係を示している。すぐに分かることだが、階梯は五つあり（ウドゥ、ンガライ、バンガは同じ階梯の別名）、今日の状況より多くの豚を殺すことが必要とされている。例えば、セセという豚一〇頭を殺すことは、現在ではリヴシ階梯にいる間にすべきことであるが、かつてはモリ階梯にいる間にすべきことであり、リヴシ階梯に入るときには、現在は豚一頭殺すので良いが、かつては、豚一〇頭を殺す必要があった。そしていよいよ最終階梯に入る時には、現在は豚一頭でよいが、かつて

は、等級C以上の豚を一〇頭殺す必要があったのである。しかも最終階梯に入った後も、男たちはより等級の高い豚をより多量に殺すことを目指した。フィラという最終階梯に入った後は、何をしても階梯が変わるわけではない。しかし、豚を多く殺せば殺すほど、同じ階梯にいても地位が高いと見なされたのだ。

その理由は二つある。一つは、伝統的な信仰と関連している。北部ラガは現在キリスト教世界であるが、キリスト教が布教される前は、超自然的な力に対する信仰が存在していた。オセアニアでは一般にマナという名前（北部ラガではロロンゴと呼ばれる）で知られているその超自然的力は、生物の頭に宿っているほか、雨を降らせたり雷を操ったりすることのできる「特別の石」にも宿っていると考えられてきた。人間の頭には特に強いマナが存在しており、人間が思考することができるのもその力のおかげであるし、その力の強い者が「特別の石」に呪文を唱えると、その石に潜んでいる霊魂が動いて雨を降らせたりすると考えられていた。そして豚を殺すことで、このマナの力を人間が獲得していくことができると信じられていたのである。

そのメカニズムは単純である。人間に次いで重要な生物は豚であるが、その豚の頭に宿るマナの力を人間に移し替えようとするのである。儀礼で豚を殺すときは、ナイフなどで刺して殺すのではない。必ず、豚の頭を棍棒（近年では鉄の斧）などで叩いて殺さねばならないのである。つまり、豚の頭にあるマナの力が、叩いた棍棒をつたって人間のほうに移動してくるという信仰が、この「豚を殺す」という行為の背後にあるというわけである。そんな馬鹿な、と思う人も多いだろう。しかし、この「接触することで力が伝わって来る」という考えは、実は世界で広く信じられていることでもある。もちろん日本でも、そして現在でもそれを実践している人々は大勢いるのだ。それは、神社仏閣で見られる光景である。神社仏閣にお参りしたときに、建物の前に安置されている木像や銅像に線香を捧げてお祈りしている人々が大勢いる。彼らの中には、こうした像の足をさすってからその手で自分の足をさする人々がいる。像の頭をさすって、その手で自分の頭をさする人がいる。これこそが力の伝播である。神聖な像の持っている力を、手で媒介することで、悪い足を直したり頭が良くなったりする力を手に入れようとしているのである。ヴァヌアツにおける「豚を殺す」ことも同じ意味を持っているのである。

豚は伝統的な貨幣としての役割を演じており、人々にとっては大いなる財産であるが、同時に貴重な食料ともなっている。これが「豚を殺す」ことの二つ目の意味と関連する。豚を殺せば殺すほど、人々は自分の持っている財産をより多く破壊するが、殺された豚は肉として人々に無償で分配されるので、より多くの食料を人々に与えることになる。また、豚は殺されたあと、牙のある下顎は大事に保管される。それは生きている豚よりも価値は一段階下がるが、依然として伝統的な貨幣として利用できる。しかし、豚を殺すことでその財としての価値を下げることは確かなのである。従って人々は、自分の財を投げ出して人々に貴重なタンパク源である豚肉を提供するという行為に、その人物の「度量の広さ」、「太っ腹さ」を見るのである。かつては、強いマナを持っているからこそ、普通の人間では出来ないような財の破壊（豚を殺すこと）が出来たのであり、財の破壊（豚の頭を叩いて殺すこと）を多くすればするほど、マナの力がさらに増加する、という信仰の循環のなかで人々の地位が紡ぎだされてきたのである。現在では、マナの力に対する信仰は消えてしまったが、「自らの財をなげうって人々に肉を分配する」という側面が強調され、それが豚を殺せば殺すほど地位が高くなるという視点を支えているのである。

二　ビジネス・ピッグ

1　豚のやり取り

ボロロリは、別名ビジネス・ピッグと呼ばれる。これはピジン語での表現で、「豚に関するビジネス」という意味である。その名の通り、ボロロリでは「豚を殺す」ことと同時に「豚のやり取り」が大きな課題となる。

写真6　「豚が走る」（1996年）

タリの階梯に入るために豚を殺したり、モリの階梯に入るために豚を殺すことは、ボロロリとは呼ばれない。モリ階梯にいる者が、記章である貝製ビーズの腕輪を手に入れる儀礼が「初めてのボロロリ」とされ、それ以降のより上位の階梯に付随した記章の購入、上位の階梯に入るための豚の撲殺などが行なわれる一連の儀礼がボロロリと呼ばれるのである。どの記章を手に入れるか、どの階梯に入るかによって様々なヴァリエーションがあるが、どの儀礼でも必ず行なわれるのが、「豚が走る」と呼ばれている場面である。豚が走ると言われているが、実際には男たちが儀礼場を走るのである。儀礼場の端をまっすぐに走った後、タイコのリズムに合わせて儀礼場の中央をジグザグにゆっくり歩くように走る。これは人々の認識ではダンスであり、ダンスをしながら儀礼場をいわゆる練り歩くということになる。この場面は、どのヴァリエーションのボロロリ儀礼でも、儀礼全体の半分以上の時間をかけて行なわれるが、これは、豚を贈与する場面なのである。

儀礼場を走る男たちは、儀礼で記章を購入したり豚を殺したりする主人公に、豚を与えてくれる男たちである。彼らの大半は、フロと呼ばれるやり方で豚を与える人々である。フロというのは、「かってに与える」という性質を持っている。それは、与え手の一方的な意思で、頼まれてもいないのに豚を儀礼の当日持ってくるというものである。従って、儀礼の主人公にとっては、誰が豚をフロとして与えてくれるのかは知らされていない。儀礼の当日、「豚が走る」場面で男が儀礼場を走ってはじめて、彼が豚をフロとしてくれる、ということが分かるのである。フロに対しては、同等級の豚をお返しすることが義務づけられている。この返礼はソベソベと呼ばれる。しかし、いつお返ししても良いとされており、「返礼してくれ」と要請されても、「手元に豚がない」などの理由でお返しがなされないこともある。そうなっても罰則があるわけではない。そしてソベソベもいつ行なわれるのか分からない。自分がボロロリをするので、以前フロを与えてあった相手にソベソベとして豚を持ってきてほしいと依頼しても、ボロロリの当日、「豚が走る」場面で彼が儀礼場に登場してはじめて「ソベソベをしてくれるのだ」ということが分かるというわけである。

　さらにフロとして与える場合も、ソベソベとして返礼する場合も、どちらの場合でも、豚を持ってきた者が、ボロロリでのその豚を「殺す豚」と指定することができるのである。ボロロリでは、記章を購入するために支払いとして用いる豚と、殺す豚の二種類に分かれるが、そう指定されたら、与え手の許可なしにボロロリでそれを支払いに用いることは出来ない。ソベソベの豚に関してもそれが言えるのである。あるボロロリでは、お返しであるソベソベとして持って来られた豚が「殺す豚」と指定されたが、それを支払いに使いたいと交渉した結果、交渉が決裂して、お返しの豚であるにもかかわらず引き揚げてしまった例も存在するのだ。

写真7　与えられた豚を先導者と共に取りに行く（1981年）

　このフロに対して、もう一種類の与え方がある。それがブグである。ブグは、あらかじめ豚を与えてくれと依頼を受けて与えられるもので、誰がブグとして豚をくれるのかあらかじめ分かっているし、その豚は確実に儀礼当日持ってこられる。ただし、ブグとして豚を持ってきた相手に対しては、「利子」をつけてお返しをすることが義務付けられている。やり取りは第一段階と第二段階に分かれている。図2を見ていただきたい。第一段階は今回のボロロリで行われるが、Aから与えられたブグの豚に対して、Bは豚二頭と「豚の餌代」と言われる赤大マットをAに与える。ブグの豚の価値が高いほど、この段階

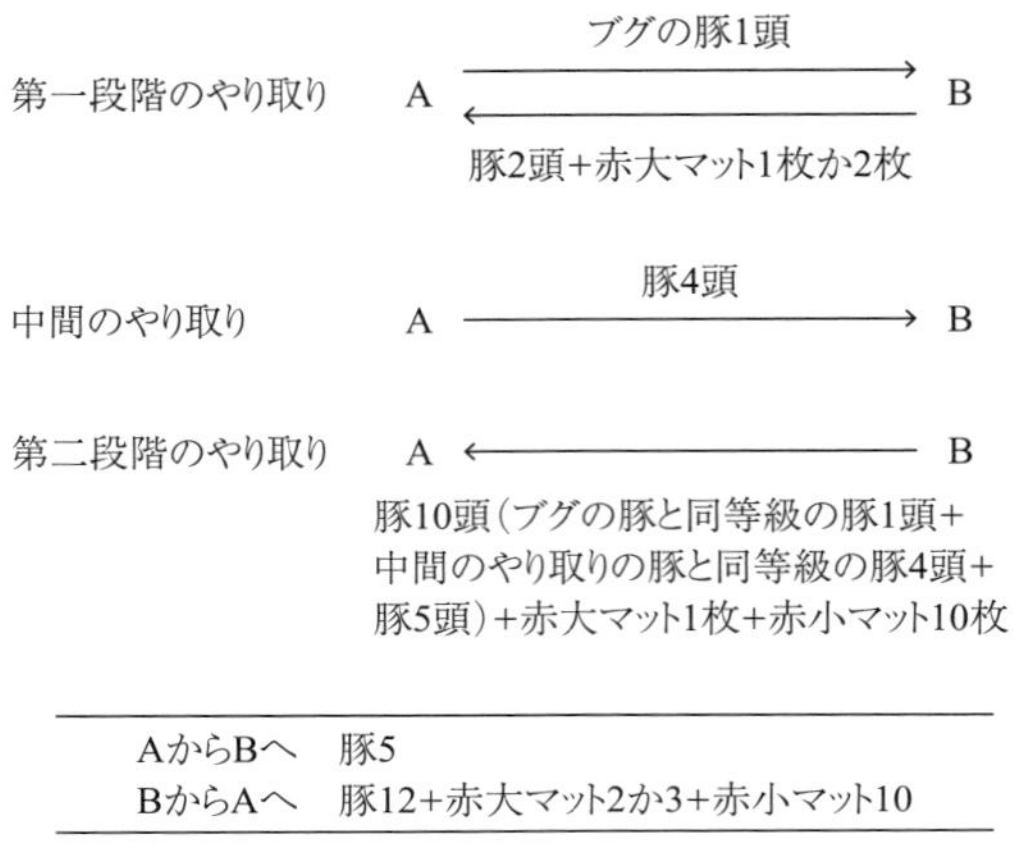

図2　ブグでのやり取り

での二頭の豚の価値は高くなり、赤大マットの数も増える。これで今回のボロロリが終わる。次にBがボロロリをするまでに、AはBに豚四頭を与えておく。これが中間のやり取りである。そしてBが次のボロロリをするときに、第二段階のやり取り、つまり、BはAに豚一〇頭と赤大マット一枚、赤小マット一〇枚を儀礼的なやり方で与えるのである。この一〇頭の中にはAからもらった豚と同等級の豚を五頭入れるが、残りの五頭はブグの豚の価値が高いほど高位の豚となる。

　ブグでのやり取りでは、ブグの受け手は与え手に最終的に七頭の豚と赤マットを「利子」として渡すことになる。ブグは等級D以上の豚に限られているが、どんなボロロリでも一人以上に対して依頼せねばならないとされており、たとえ、ボロロリで必要な豚（支払いや殺すための豚）が全部自前で揃う場合でもブグを依頼せねばならない。その結果、今回のボロロリで一人にブグを依頼すると、次回のボロロリでその相手に豚を一〇頭与えるが、そのボロロリでも一人以上にブグを依頼せねばならないため、永遠に図2のサイクルでの豚のやり取りが続いていくのだ。私がボロロリ儀礼に参加できない理由は、ここにもある。

　ところで、ジョージの「初めてのボロロリ」では「豚が走る」場面で二八人の男たちが儀礼場を走り、豚を与えた。その内訳はフロが二三人、ソベソベが四人、ブグが一人である。ジョージはフロもソベソベももっと多いだろうという予想を立てていた。従って、儀礼では豚を一〇頭殺すセセをする計画を持っていた。しかし蓋をあけると、

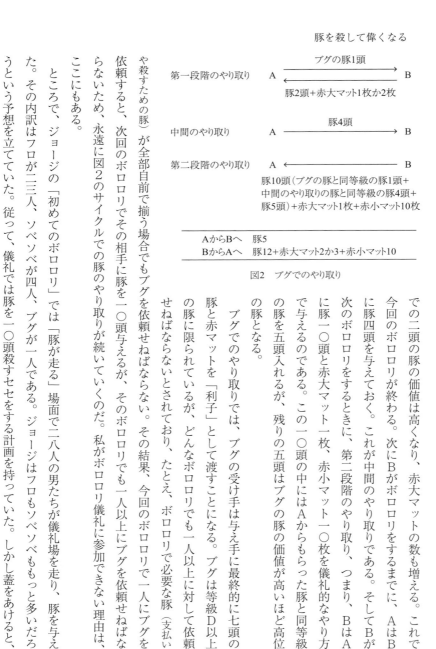

予定通りに豚が集まらなかったのである。ボロロリが開始される前に、ジョージは自分の親族集団のチーフたちと、どの程度の等級の豚をどのように使って、どのような記章を購入し、どの様な等級の豚を何頭殺すかの計画を立てる。しかし、それは「取らぬ狸の皮算用」であり、予定通りの等級の豚が予定通りの数だけ集まるとは限らない。主人公は、儀礼場を走る男たちをやきもきしながら見守る。しかし、支払いで必要な等級の豚を持った男がやっと儀礼場を走ったと思えば、それは与え手から予期せずに「殺す豚」に指定されたりしてしまうのである。

2　記章に対する支払い

「初めてのボロロリ」には、それ以降のボロロリとは異なった独立した地位が与えられており、記章も独自のものが設定されている。まず儀礼の最初で、タイコの伴奏によるボラバとティゴというダンス、さらに竹を束ねたものを叩いて踊るマンタンニというダンスが行われ、それぞれに赤大マットが一枚支払われるが、これらのダンスは以降のボロロリでは登場しない。また、ここではソテツの葉が等級Cの豚一頭で購入される。ボロロリで豚を殺す時は豚をソテツの幹に繋ぐ必要があるが、これはいわば、ボロロリでソテツを利用する権利の購入を意味している。

このボロロリで最も重要な記章は、貝製ビーズの腕輪である。腕輪の与え手は、主人公の「父」に限定されており、しかも、彼は主人公がリヴシ階梯に入るために殺す豚をフロとして持ってくることも決められている。さらに彼は、クロトンの葉、孤を描いた形をしたアドマエの葉、先端が赤くなったサゴヤシの葉という三種の葉とフクロウの羽根（それぞれ、豚の血、豚の牙、豚の尾、豚の毛を象徴している）を主人公に与える。「豚のビジネス」に参入しようとする初心者であるからこそ、豚を象徴する種々の記章が与えられるのである。なお、腕輪の与え手に対する主人公からの支払いは、豚一〇頭＋赤大マット二枚＋赤小マット一〇枚である。[3]

さて、以降のボロロリでは関連した記章が購入されるが、それらは、「葉」、「ダンス」、「飾り」という三つの系

表２　ダンス系列と葉系列の記章と支払い

ダンス系列Ⅰ	ダンス系列Ⅱ	支払い	葉系列	支払い
ハヴァンナ		--------	ファリサンフル	等級Ｃ１頭
ゴーリ	ゴーリ	等級Ｃ１頭	バルバレ	等級Ｆ１頭
大ハヴァンナ		等級Ｅ１頭	マルトゥンゲトゥンゲ	等級Ｆ１頭
	マンガ	等級Ｅ１頭	フフガンファヌア	等級Ｆ１頭
豚のハヴァンナ		等級Ｆ１頭		

列に分けることができる。葉系列の記章は、ダンスなどの時にそれを背につけて踊るための権利であり、四種類設定されているが、どれもセンネンボクの種類である（表２）。ダンス系列の記章は二系列に分かれる。ダンス系列Ⅰは、ボロロリ儀礼の時に実際にダンスをしてもらう権利であり四種類、ダンス系列Ⅱは、「豚が走る」場面で儀礼場を走るときのタイコのリズムに対する権利で二種類がある。ダンス系列の記章に対する支払いは、変則的である。ダンス系列Ⅰの最低位のダンスであるハヴァンナに対しては、支払いが要求されない。しかし、「初めてのボロロリ」ではすでにボラバ、ディゴ、マンタンニという三種類のダンスに対する支払いを済ませており、それがハヴァンナ・ダンスをしてもらうための要件ともなっている。ハヴァンナの次の位のゴーリは、ダンス系列Ⅰのダンスとして支払いが必要だが、その支払いが済めば、ダンス系列Ⅱのゴーリとしてそのダンスのリズムをいつでも使用することができるようになる。「初めてのボロロリ」を終えた者は、ティゴのリズムで儀礼場を走ることができるので、それをゴーリの前段階に位置付けることも可能である。

ダンス系列Ⅰのハヴァンナ、ゴーリ、大ハヴァンナという三つのダンスは、ボロロリ儀礼の最初の場面で行われるダンスであり、それらに対する支払いが終わっていれば、ボロロリの各ステップで繰り返しダンスをしてもらうことができる。これらに対して最後の「豚のハヴァンナ」は、独自のものである。それは、まず女性だけで行われるダンスで、「豚が走る」場面に挿入される。このダンスが女性の階梯の話の時（第一節一項）に言及したダンスで、このダンスの主催者として指定された場合などに、この女性が豚を殺して階梯を登る。そして他のダンス系列Ⅰのダンスとは異なり、繰り返しては行われない。つまり、他のダンスのようにボロロリでダンスをしてもらうための権利というよりも、このダンスをしてもらうこと自体が、明確に男にとっての勲章の一つとなるのである。ダンス系列Ⅱの二つ目のマンガに対しては、単独の支払いが設定されており、ゴーリで儀礼場を走る権利を手に入れた者が、さらに上位のものとして獲得を目指す。

飾り系列の記章は、豚を殺すとき身に着ける衣装であり、それらの衣装は「豚を飾る」と言われている。すべてパンダナスの葉で編んだものだが、価値の低いほうから「白い腰蓑」、それを赤く染めた「赤い腰蓑」、そして「貝をあしらったベルト」と進む。最初のものはかつてセセ（豚一〇頭の撲殺）をするときに身に着けたものであり、二つ目は、最上階梯に入るために豚一〇頭を殺すとき身に着け、最後の飾りは、等級Eの豚一〇頭を殺すときに身に着けたものであったといわれている（表1参照）。

写真8　豚のハヴァンナ（1981年）

写真9　白い腰蓑をつけて豚10頭の撲殺（セセ）を行う（1996年）

飾り系列の記章への支払いは、ブグに対するやり取りと全く同様に二段階に分かれている（図3）。まず、第一段階は、記章を購入するボロロリで行われる。そこでは、記章が与えられ、それに対して豚二頭が支払われる。ただし、飾り記章への「支払い」と言われるのは一頭だけで、他の一頭は「おまけ」という扱いになる（表3）。第二段階は、記章を手に入れた者が次のステップのボロロリをする時に行われる。そのボロロリまでに記章の与え手

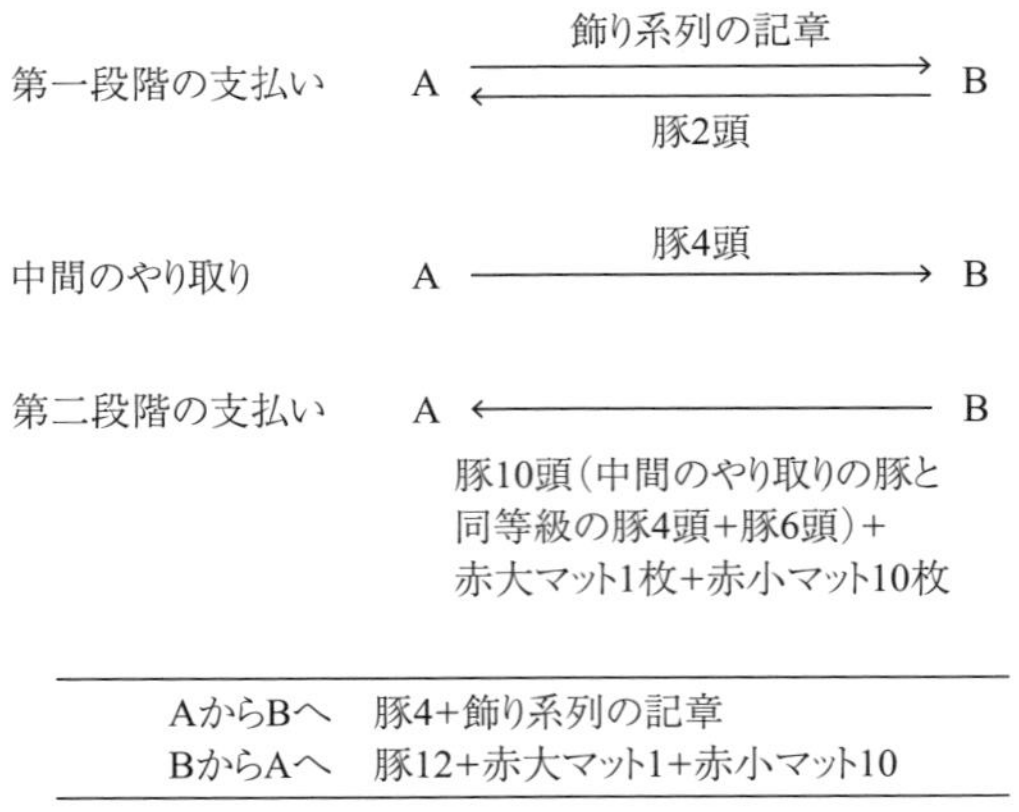

図3　飾り系列の記章の購入

はさらに豚四頭を中間の贈り物として記章の受け手に渡しておく。そしてボロロリ当日、記章の受け手は与え手に豚一〇頭と赤大マット一枚、赤小マット一〇枚を引き渡すが、そのうち四頭の豚は記章の与え手からもらった豚と同等級の豚であり、残りの六頭の豚は、飾り記章が高位になればなるほど価値が高い豚にせねばならないとされている。結局、実質的な拠出は、第一段階での二頭の豚と第二段階での六頭の豚、合わせて八頭の豚、プラス赤マットということになる。

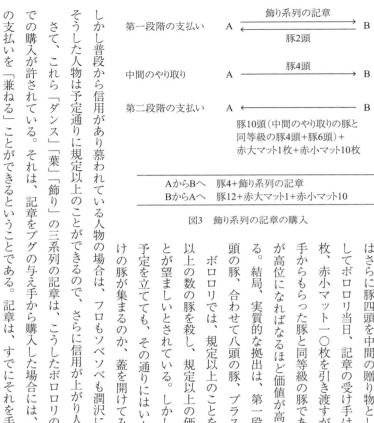

　ボロロリでは、規定以上のことをすることが高い評価を生む。規定以上の数の豚を殺し、規定以上の価値の豚を記章の支払いに充てることが望ましいとされている。しかし現実には思い通りにはいかない。予定を立てても、その通りにはいかない。「豚が走る」場面でどれだけの豚が集まるのか、蓋を開けてみなければ分からないからである。しかし普段から信用があり慕われている人物の場合は、フロもソベソベも潤沢に集まると考えられている。そしてそうした人物は予定通りに規定以上のことができるので、さらに信用が上がり人望が集まるのである。

　さて、これら「ダンス」「葉」「飾り」の三系列の記章は、こうしたボロロリの精神と裏腹のように見えるやり方での購入が許されている。それは、記章をブグの与え手から購入した場合には、ブグに対する豚のやり取りと記章の支払いを「兼ねる」ことができるということである。記章は、すでにそれを手に入れている者から購入するのが原則なので、このケースでは、自分が手に入れようと思っている記章をすでに入手している人物にブグを依頼して、その人物から記章を購入するのである。何度も例に出しているジョージの場合は、自分のボロロリで、ブグをして

表3　飾り系列の記章に対する第一段階の支払い

記章	「支払い」の豚の等級	「おまけ」の豚の等級
白い腰蓑	D	B
赤い腰蓑	F	E
ベルト	F	E

くれた相手から葉系列の最初の記章・ファリサンフルを購入している。ブグに対する第一段階のやり取りの時に、豚を二頭ブグの与え手に引き渡すが、そのうちの一頭をファリサンフルへの支払いに充てたのである。もしブグの与え手と葉系列記章の与え手が異なっているならば、ジョージは葉系列の記章に対する支払いを別にせねばならないため、豚が三頭必要になるはずだったのである。飾り系列の記章をブグの与え手から購入する時には、その差がもっと顕著になる。その場合は、ブグに対する第一段階のお返し（豚二頭＋赤大マット）がそのまま飾り系列の記章に対する第一段階の支払いを兼ね、第二段階のやり取り（豚一〇頭＋赤大マット＋赤小マット）がそのまま第二段階の支払いを兼ねることになる（図2、3参照）。従って、両者を別々に行った場合に、ブグでのやり取りでの実質的な利子七頭、飾り記章の実質的購入に必要な八頭の豚、計一五頭の豚を放出することになるが、両者を兼ねた場合は八頭[4]の放出だけで済むのである。

　北部ラガ社会において「兼ねる」ことによる拠出の削減は、なんら問題とはならない。例えば、故人を偲んで一〇日おきに開かれる会食の一つを準備しているとき、他の島からの来客があったとする。その場合、故人のための会食とは別に来客を歓迎する会食の宴を別の日に開催して、どちらでも食事のおかずとして豚を一頭ずつ提供したとしよう。一方別のケースとして、二つの会食を兼ねて行い、そこで豚二頭をおかずとして提供したとする。この二つのケースでは、後者の方が高い評価を得る。北部ラガでは、実質的に拠出する量が問題なのではない。ある名目に対してどの程度拠出するのかということが重要なのである。今の事例でいえば、前者の場合には、それぞれの名目の宴で「主催者は豚一頭を拠出した」ということになるが、後者の場合では、それぞれの名目の宴で、「主催者は豚二頭を拠出した」ということになるのである。

写真 10　貝製ビーズの腕輪を受け取る（1991 年）

写真 11　貝製ビーズの腕輪に対する支払い、二人の男が同時に行う（1991 年）

ところで記章の与え手は、儀礼場に打ち込まれた杭に繋がれた豚と引き換えに記章を与えるが、葉系列の場合はその辺に生えている葉を抜いてきて与えればよい。ダンス系列の記章は元手がかからない。唯一飾り系列の記章と貝の腕輪は元手がかかるが、それらを作るのにかかる経費はボロロリで手に入る豚などと比べるとはるかに少ない。例えば貝の腕輪は等級Cの豚一頭で作ってもらえる。白い腰蓑は、自分の妻がパンダナスの葉を編んで作ることができる。それを赤く染めるために、等級Eの豚一頭が必要だが、染めれば赤い腰蓑になる。ベルトも同様で、作るのに等級Eの豚一頭が必要だが、それをはるかに上回る豚がボロロリではもたらされるのである。

3　ボロロリの各ステップ

ボロロリはいくつものステップを経て行なわれていく。以下では、典型的なステップを説明するが、現実には必ずしもその通りに行なわれるとは限らない。

（1）初めてのボロロリ

すでに説明したが、ここではモリ階梯にいる者がソテツを使用する権利を手に入れ、貝の腕輪を購入する。通常はここでリヴシ階梯に入るために豚が殺される。このボロロリでは、ボラバ、ティゴ、マンタンニという三種類のダンスが行なわれ、それらに対する支払いがなされる。なお、この時のブグの与え手から、通常は葉系列の最低位の記章・ファリサンフルを購入する。

（2）二番目のステップのボロロリ

これは、最初のボロロリで受けたブグに対する第二段階のやり取りがメインとなるボロロリで、このボロロリの時だけ、ブグの第二段階のやり取りの一〇頭の豚はソテツの幹につながれる。このボロロリでも新たにブグを受けるが、そのブグの与え手からはダンス系列の記章、あるいはより高位の葉系列の記章などを購入する。このボロロリで豚を殺しても次の階梯に進むことはできない。

写真 12　タブーをかける前に身体を洗う（1992 年）

（3）白い腰蓑を購入し、豚一〇頭の撲殺（セセ）を行う

豚一〇頭の撲殺をするためには、飾りとしての白い腰蓑が必要である。従って、今回のボロロリでブグをしてくれる相手から白い腰蓑を購入する。そしてその腰蓑をつけて、一〇頭の豚を殺す。そして、前回のボロロリでブグをしてくれた相手に対する第二段階のやり取りを実行する。今回豚を一〇頭殺したわけだが、それをした者はその日からタブーの状態となる。一〇日間村の集会所にこもることになるが、その間体を洗うことは許されない。そして一〇日目に集会

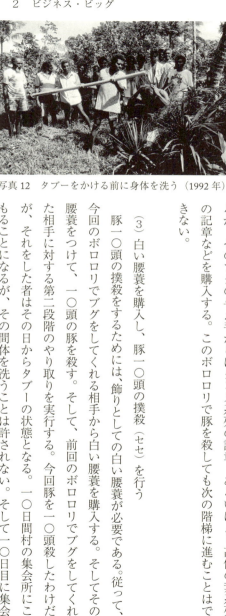

所から出て、等級A程度の小さな豚を殺し、タブーが解かれる。それと同時に今度は、彼はタブーをかける力を持つことになる。彼は自分の親族集団の土地で体を洗うが、その水が落ちた地で「むこうX年間、Yをここでとってはならない」などといった類のタブーをかけるのである。これはポリネシアなどから報告されてきたチーフによる「収穫のコントロール」と同じ性質を持ったものである。

写真13　マレーアップルの枝を購入する（1981年）

（4）最終階梯であるフィラ階梯に入るためのボロロリ

リヴシ階梯にいて白い腰蓑を手に入れ豚を一〇頭殺した者が、いよいよチーフになるためのボロロリを行なう。豚を何頭殺してもよいが、その中の一頭は等級Fでなければならない。前回のボロロリでブグをしてくれた相手に第二段階のやり取りを行うことが必要だが、このボロロリでも新たにブグを受けることになる。そのブグの与え手から葉系列やダンス系列の記章を購入する。

このボロロリでは、マレーアップルの枝を購入するという場面が登場する。儀礼場にはマレーアップルの枝が刺されており、その上に赤大マットがたたんで一枚載せてある。フィラというのは「花」という意味だが、マレーアップルの赤い花がこの階梯を象徴しており、すでにフィラ階梯に入っているチーフに対して等級Eの豚一頭と赤大マット一枚が支払われる。今回のブグの与え手から葉系列やダンス系列の記章を購入しないのなら、このマレーアップルの枝をブグの与え手から購入することもできる（ただしその場合は、ブグの与え手はすでにチーフになっていなければならないが）。そしてフィラ階梯に入るために豚を殺したら、今回も彼はタブーの状態になり、集会所にこもり、そこを出てからはタブーをかける力を持つのである。

（5）赤い腰蓑、ベルトを手に入れるボロロリ

チーフとなった男が次に目指すのが赤い腰蓑、そしてベルトの購入である。飾り系列の記章が高位になればなるほど、価値の高い豚が多量に必要となる。それを自前で持っていない場合、複数の人にブグを依頼することもある。その場合には、それぞれに対して第一段階と第二段階のやり取りをせねばならないので大変である。例えば、二人のブグの与え手から赤い腰蓑とベルトをそれぞれ購入したとしても、次のボロロリの時に、二人にそれぞれ豚を一〇頭ずつ、計二〇頭を拠出せねばならない。さらに今回は、前回のブグの与え手に豚一〇頭お返しをするので、よほど豚を多量に持っているのでなければ、ベルトの購入までは到達しないのである。なお、最終階梯に到達したチーフが、ボロロリで豚を殺すたびにタブーとなり、集会所にこもるとともにタブーをかける力を持つ。

写真14　ベルトの購入（1981年）

（6）等級Eの豚一〇頭を撲殺するボロロリ、あるいはさらに上位のボロロリ

チーフになると、いくら豚を殺しても階梯が変わるわけではない。しかし「等級Eの豚一〇頭の撲殺」はチーフの中でも行ったものが少なく、男たちはそれを目指すのである。このボロロリをする頃には、葉系列、ダンス系列、飾り系列の記章をすべて手に入れていることが多い。その場合には、ブグの与え手から自分なりの記章を作り出して購入することが一般的である。例えば、確定した記章とは考えられていないが、男たちの中には「タイコの小屋」というよう

なものを記章としてブグの第一段階のやり取りの豚で手に入れる者もいる。これらの記章は、実際に手渡すことができるものではないので、いわば名目上の記章である。そして「なるほど、それは良い」と思った男は、それを今度は自分の記章とするのである。

またフィラ階梯になると、どんなに豚を殺しても階梯が変わるわけでもないし、豚名が変わるわけでもない。しかし男たちは豚を殺すたびに階梯にちなんだ名前ではないが新しい名前を考え出して自分につけていく。そうした名前の中でよく知られているのが「土地の頂点（フフガンファヌア）」という名と「閉じられた土地（トゥンゴロファヌア）」である。前者はフィラドロという豚名を持つチーフが、後者はフィラマソイという豚名を持つチーフが、豚を多量に殺した後自らにつけた名前である。現在のチーフ達は、かつてのチーフに比べるとはるかに殺す豚の数は少ないが、それでも、等級Ｅの豚一〇頭の撲殺を、さらには豚一〇〇頭の撲殺を目指して、この「土地の頂点」や「閉じられた土地」という名前を自らにつける日を夢見るのである。

三　贈与交換と互酬性

1　北部ラガにおける贈与の形態

北部ラガで見出せる贈与の形態は四種類ある。一つは「フロ」である。これはボロロリで用いられる「お返しの必要な贈与」として説明してきたが、生活の様々な場面で使われる。村落では店で「つけ」による買い物をすることがしばしばあるが、それはフロと呼ばれる。「彼のフロは二〇〇〇ヴァツ」という具合に用いられ、いわば「借金」という意味が強く出ている。確かにボロロリで用いられる時も、「豚が走る」場面で走り終えた男が豚を連れてきて「あなたのフロはタフシリ（等級Ｃの豚）だ」などと告げるが、それはまさしく「私はあなたに等級Ｃの豚をあなたの借財として与えます」ということを意味している。借財である以上それを返す必要が生じる。それがソベソベである。フロとして与えられた豚に対しては、同等級の豚を返却する必要があるのはそうした性質から出ていることである。しかし、このフロによる関係を単なる貸借関係ととらえるのは間違っていると言える。

というのは、以下の理由による。まず、フロは頼んでしてもらう、つまり頼み込んで借金をするというのではなく、本人も知らないのに誰かに一方的に与えられるという点である。これは贈与なのである。現に、ボロロリでは多くの男たちがフロをしてくれるのを待つのだし、そうしたフロは儀礼の主人公にとっては自分を「助けてくれる」ことにもなるのである。二つ目は、フロは借財ではあるが、返却は自己都合で引き延ばすことができるという点である。いつかソベソベをすればよいのであり、返却を要求されても、その時点での要求を拒否できるのである。三つめは、フロもその返却のソベソベも、受け手が自己目的のために自由につかえるような「借金」ではなく、与え手が「殺す豚」と指定して用途を決定することができるという点である。これは「借金の返済」「貸借関係の清算」という側面をすでに超えている。それは返却ではあるが、やはり、与えられる贈与なのである。

二つ目の贈与概念は「ブグ」である。これはボロロリの場面だけでしか用いられない特殊なものである。すでに説明したように、「利子をつけたお返しが必要とされる贈与」だが、第一段階のやり取りはともかく、第二段階のやり取りはいつ行われるのかわからない。場合によっては、ブグの受け手は次のステップのボロロリをしないこともありうる。時間が経ってしまって、受け手が死んでしまうこともある。逆に、ブグの与え手が死んでしまうこともある。こうした場合でもやり取りは終了しない。やり取りは、このブグの受け手、あるいは与え手の親族（特に動産などを受け継いだ後継者）が引き続いて行うことが望まれる。

三つめは、「タベアナ」である。これは「お返しのいらない贈与」という性質を持っている。タリ階梯やモリ階梯に入る時に殺す豚は、父からタベアナとしてもらうと言われている。また、結婚式の時に花嫁が持参する日用品

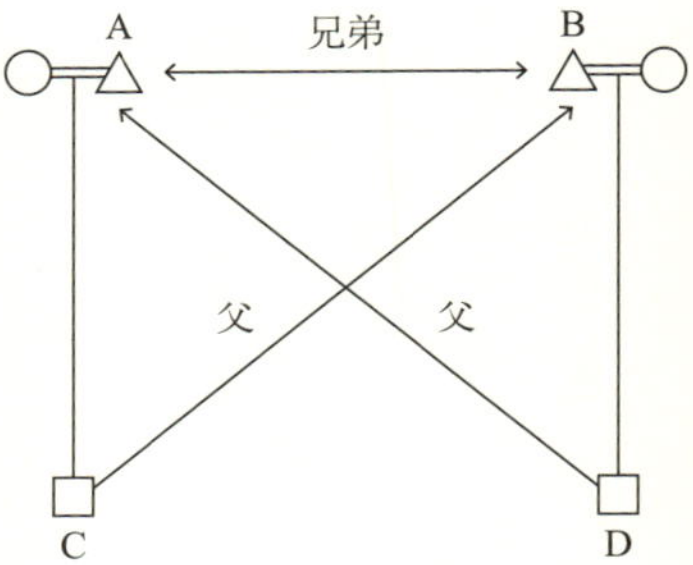

図4　メメアルファ

写真15　マットを頭に載せて与える（1991年）

などは、同じ親族集団の者が準備するが、これは花嫁へのタベアナとされている。つまりプレゼントであるが、花嫁はこれらの親族に何らお返しをすることは期待されていない。

四つ目は、「メメアルファ」である。これは様々な儀礼の中で行われる赤大マットのやり取りに見られる贈与形式である。例えば結婚式を例にしよう。結婚式は子供のために親が準備するが、宴が大規模になるため様々な仕事、つまりは蒸し焼き料理用の葉を切り出して来たり、薪を切り出して運んだり、カヴァを取ってきて飲用の準備をしたりするなどの仕事をそれぞれ組織してやってもらわねばならない。これらの仕事を組織する人物を、式をあげる新郎や新婦の父が自らの兄弟たちに依頼するのである。すでに説明したように、「父の兄弟」は「父」である。だから、これらの仕事のお礼として赤大マット一枚は新郎や新婦からそれぞれの「父」へ贈与されることになる。これがメメアルファと呼ばれている。

メメアルファには二つの特徴がある。一つは、マットを与えるときに与え手は自分の頭にマットの端を被せて与えるというやり方をとるということである。これは父や父方のオバ（お世話になっているということで、女性にも与えられることがある）に対して赤大マットを贈与する時に取られるやり方であるが、そうすることで、多数いる父や父方オバの中でもこの父や父方オバは子供の保護者としての位置づけを与えられることになる。二つ目は、こうしてもらったマットは、いずれ「返却することが期待されている」。結婚式の例を図4で説明しよう。新郎や新婦Cの頭に載せられた赤大マットをもらったBは、今度は、自分の子供Dの結婚式あるいは何らかの儀礼の時に、今回マットを被った新郎や新婦の父Aに同じような仕事を依頼し、そして赤大マットを自分の子供Dの頭に載せて与え返すことが期待される。こうしたお返しは義務ではない。しなくてもさして問題にはならないし、お返しを要求することはできない。しかし、反対給付の行為が見られたら、メメアルファのお返しをしているのだと周りの者は理解するのである。

2　贈与交換の論理

ところでモースは、その著『贈与論』の中で、贈与には三つの義務があることを指摘している［モース二〇一四］。それは、贈る義務、受け取る義務、返礼の義務である。贈与というのはプレゼントであり、自発的な「贈り物」に「返礼の義務」があることに違和感がついて回るかもしれない。しかし日本における贈与の慣習を考えれば、モースの指摘した点に気づく。例えば、贈り物の一つの例としてお土産を考えてみよう。日本人は海外旅行に行くときに、身の回りの衣類などを詰めたスーツケースともう一つ空のスーツケースを持っていき、そこには土産物を詰めて帰ってくると言われるほど、土産物が好きである。この土産物は、旅の思い出に自分のために買うこともあるが、多くは知り合いにあげるためのものとして購入される。その時ある問題にぶつかることがある。それは、「Aさんに土産を買って帰るなら、Bさんにも買わないといけないけど、Bさんに買ったらCさんにも買う必要がある……」という連鎖の問題である。これが「贈る義務」である。贈り物は、同じような付き合いをしている人々には均等にしなければならない。もしAさんだけに渡してBさんに渡さなかった場合、Bさんは「私にも欲しい」という要求はできない。しかし、Aさんが土産物をもらったのに私にはないということは、私との付き合いをしたくないということなのかな、と考えるのである。つまり、同じような関係、付き合いを継続するのであれば、贈り物をしなければならないのである。

受け取る義務も同じである。パリに行った友人が、エッフェル塔の置物を土産として持って帰ってくれたとしよう。しかし、それはパリ土産の定番で、前にも別の人からもらったことがある。だからといって、「もうあるので、それはいらない」と言うことはできない。贈り物を拒否すると、それは贈り物をくれた人物との付き合いを拒否することを意味することになるのである。

最後の「返礼の義務」も全く同じ仕組みで出来上がっている。自分が土産をあげた相手が海外旅行に行ったが、自分には土産を買って帰らなかったとする。自分があげたからといって、相手にお土産を要求することはできない。しかし、「自分はあげたのになぜお土産をくれないのだろう……」という疑念は払拭されない。贈与はあくまでも、自発的な意思に基づくプレゼントであるのだが、それでも、相手からお返しのプレゼントがないと「あれ？」と思ってしまう。それは、結局「付き合いをやめようと思っているのかな」という方向に向かう。従って、同じ関係を持続させるのであれば、贈与に対してはお返しの贈与が必要であるということになるのである。

この贈与のやり取りでさらに重要な点がある。それは、お返しをするなら貰ったモノと等価のモノをお返しするということである。ある友人から土産をもらったので、自分が旅行に行ったときに土産を買って帰ろうと思うが、その時脳裏をよぎるのは、「この間もらった土産は幾らくらいだったっけ？」ということであろう。お返しの土産は、だいだい同じくらいの値段のものを選ぶ必要があるのである。もし額が大きすぎたり小さすぎたりすると、相手との関係のバランスが崩れる。特に、友人のような対等な関係にある時は、ほぼ同額、等価の贈り物のやり取りが必要なのである。

この点をさらに具体的に考えよう。例えば、「奢ってもらう」という行為は日常よく見出せる。それは対等の関係にある友人間においてでも見られる。たまたま予期せぬ収入があったということで奢ってもらうことは、嬉しいことである。しかしそうした「奢り」が何度も重なると「ちょっと待てよ」ということになる。同じ相手から何度も奢られると、相手と対等の関係を保てなくなる。つまり、奢った方が上の立場に立ってしまうのである。だから、何度か奢ってもらうと、それらの額を合計してまとめて奢り返すとほっとする、あるいは今まで通り対等の関係が保てるということになるのだ。

ところでサーリンズは、一般的なギブ・アンド・テイクの視点から互酬性を三つのタイプに区分した［サーリンズ二〇一二］。一つ目は一般的互酬性であり、それは愛他的なもので、与えられたものに対してお返しは要求されない。漠然とお返しが期待されることもあるが、返礼をしなくても何も問題はなく与え手は与え続けるというのである。この種の互酬性は、近い関係にある親族の間で見られるもので、母親が子供に対して惜しみなく与え続けることがその例として挙げられている。これと真逆なのが否定的互酬性で、それは利己的なものであり、自分の損失なしに利益を得るという功利主義的な利益を目指して行われる。値切りや略奪といった形態をとることもあるが、それは、社会的距離の遠い他人同士、あるいは敵同士の間で行われるからであるという。三つめは均衡的互酬性であり、それは与えられたものに対して等価のものが、ある決った短い期間に返還されるというものを指す。こうした互酬性は近い親族の間ではあまり見られず、友人の間での贈り物のやり取りや部族間での交易などが例として挙げられている。このやり取りが、まさしく、モースの想定した贈与交換の性質を良く示しているのである。

均衡的互酬性というのは、等価のモノをやり取りすることで成立するが、もし一方が他方よりも多く与えたらどうなるか。等価のモノをやり取りして初めて関係が成立するのだから、不均衡なやり取りは、このやり取りをする両者の人間関係のバランスを崩すことになる。そして結果として、より多く与えた方が優位に立つ。つまりは、「地位」が高くなるのである。先ほど「奢る」ということを例に日本的な贈与について説明したが、奢られっぱなしということは、奢る方、つまり、より多くの贈与をした方の地位を高くするのである。それは、奢られた方の負債感がもたらすものである。等価のお返しが出来ないと負債感が芽生える。その結果、相手に気を使ったり、相手の機嫌を取ったり、と立場が低くなってしまうのである。

より多く贈った方は自分の財産を減少させ、もらった方は財産を増やすにもかかわらず、前者が後者より優位にたつというのは、このやり取りが贈与交換によるやり取りだからである。グレゴリーは、お店でお金をだして商品を買う場合のやり取りである商品交換と贈与交換の有り方の違いをうまく説明している［Gregory 1982］。それによれば、商品交換では交換されるモノそれ自体に価値があり、交換をする当事者、つまり、商品の売り手と買い手の人間関係は問われないという。たしかに、売り手が誰であろうと、買い手は目指す商品の価値を求めて購入するのである。これに対して贈与交換では、やり取りされるモノの価値は問われず、やり取りする両者の人間関係が重視されるというのだ。贈与されるモノが道端で咲いている花であろうと、川辺に落ちている石であろうと、それを贈る気持ちが大事だと考えるということは、まさしく、贈与されるモノの価値ではなく、与える者と受け取る者の人間関係が重要視されるということになる。こうした性質のある贈与交換だからこそ、より多く贈る者の方が人間関係の上で優位な立場にたつという現象が生じるのである。

さて、この贈与交換の原理を背景に成立するのが、ビッグマンと呼ばれるメラネシアの伝統的政治的リーダーである。メラネシアでは、世襲ではなく、個人的な能力を発揮することによってのし上がっていく政治的リーダーが広くみられる。彼の力の源泉の一つが財力で、彼は周りの人々に贈与をし、お返しが出来ない相手が負債感を持つと、その負債感を利用して自らの政治的発言への支持を取り付けるとされている。より多く贈った方が均衡を破って地位が高くなる、という仕組みにのっとった政治システムであると言える。日本における贈答も、こうした側面を利用して政治的な力に変換されることがかつてはよくあった。実際に現金が贈与されることで票に結びつく選挙が行われたこともあったし、現金の贈与ではなくても、新幹線の駅の誘致、あるいは企業の誘致という「うまみのある企画の贈与」をすることで、恩恵をうける人々から票を集めるということもあったのである。しかし、ヴァヌアツの階梯制社会では、こうしたやり方は通用しない。というのは、そこでは、こうした均衡的互酬性が持つ贈与交換の性質が発揮されるわけではないからである。

3　階梯制社会における贈与のあり方

北部ラガにおけるフロ、ブグ、タベアナ、メメアルファという四つの贈与の形態は図5のように整理できる。それはサーリンズの提起した三つのタイプの互酬性と重なっているように見える。タベアナは、お返しをする必要がないという点で一般的互酬性と重なる。ブグは、経済的利益という点に着目すれば、自分が与えた以上のものが返ってくるというやり取りで、利己的な否定的互酬性に似ている。メメアルファは、お返しが期待されるものであるが、与え続けるものではないので、どちらかと言えば均衡的互酬性の一部を構成し、フロがこの均衡的互酬性の中核を構成すると解釈することも可能かもしれない。しかし、北部ラガにおけるこれら四つの形態の贈与は、サーリンズが想定したような社会関係の違いによって区分されているのではない。どの形態も、同じような社会的距離にある者の間で見出されるのである。そして、サーリンズの互酬性のタイプ分けとは異なって、これら四つの形態は互いに排他性を持っているものではなく、相互に変換可能な関係になっているのである。

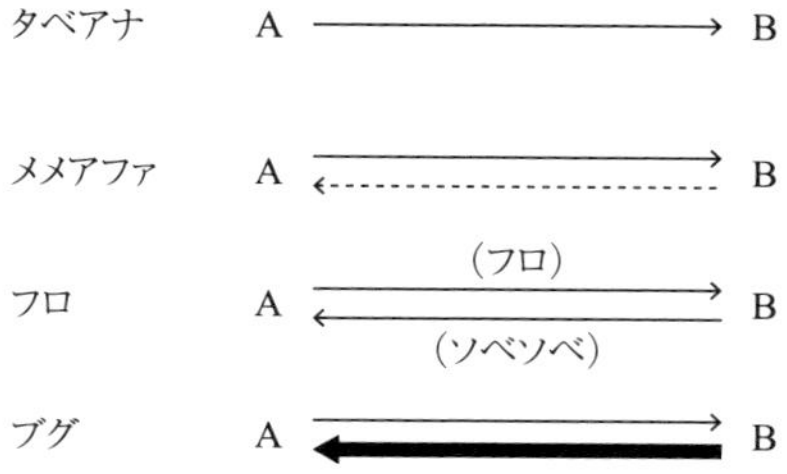

・Aが与え手
・点線は反対給付への期待
・矢印の太さは与えられたものの大きさ

図5　贈与形態の比較

　例えば、タベアナとして与えた物を、メメアルファとして受け取ることがしばしばある。お返しが期待されていないプレゼントを、その受け手がお返しを想定したものとして位置づけるのだが、我々の感覚では、せっかくタダでくれるというモノに対してお返しを想定するのは損なような気がする。一方、フロの受け手がお返しのソベソベを引き延ばして、なかなかお返しをしない場合がある。こちらは、「自分勝手で自己利益だけを考えている」と我々には思えるだろう。しかし、この場合でもお返しのルールを無視しているわけではない。「いつかお返しをする」という意識は持っている。そしてそれは、もはやメメアルファの感覚に近くなる。このように見てくると、北部ラガではメメアルファという概念が贈与概念の中核にあり、その一つの極が「お返しの必要ない」タベアナであり、他の極が「お返しが必要」なフロであるということがわかる。そして、ブグでさえ、メメアルファとかかわっているのである。

ブグの受け手は、第一段階のやり取りで豚二頭を与え手に贈与する。これらは、経済的には「利子」を構成するが、人々の意識ではタベアナと同じ性質を持っていると言われている。第二段階のやり取りで引き渡す豚一〇頭のうち五頭は与え手からもらった豚と同等級の豚である必要がある。それはまさしくフロとしての豚に対するソベソベと同じ形態をとっている。そして一〇頭の豚の残りの五頭の豚は「利子」ということになる。ブグによるやり取りは、我々には、自らの財を蓄積するには適した手段だと思える。しかし北部ラガの人々にとっては、これは財を蓄積する手段ではなく、相手との相互関係を継続する手段なのである。というのは、これら「利子の豚」が「メメアルファの豚」と呼ばれているからである。それは、お返しが期待される豚なのである。この点についてある人物は次のように説明した。「これらもらった豚はいずれ相手の村の誰かに戻るか、相手の親族集団の誰かに戻るか、相手の子供に戻るかする。自分で返すことができなくても、自分の息子が豚を一〇頭杭につないで渡すだろう。これはルールではない。食事をもらうといつの日か食事を持っていくのと同じことで、別に持って行かなくてもいいのだ」。メメアルファの性質を見事に表現している説明である。

ところで、記章の「購入」も「支払い」も同じフォリという言い方で表されるが、このフォリと言う支払い概念も、交換概念と密接に関連している。この概念は通常は、フローソベソベのやり取りで進行する。お店で一〇〇ヴァツの買い物をして、その場で現金を支払わなければ、彼は一〇〇ヴァツのフロ（借金）を抱えたと言われる。ファリサンフルの葉をボロロリで購入する時、その葉と引き換えに等級Cの豚を渡す。この豚が支払いとなる。図5のフロによるやり取りと同じ財の動きが基本となる。そして、ブグのようなやり取りが見出せる飾り系列の記章の購入においても、その点は変わらない。例えば、白い腰蓑を購入する時には、第一段階の支払いで豚二頭、第二段階の支払いで豚一〇頭引き渡すことはすでに説明したが、腰蓑に対する支払い（フォリ）と呼ばれるのは、第一段階での等級Dの豚一頭だけである（表2参照）。第一段階の支払いにおけるもう一頭の「おまけ」の豚は、ブグの場合と同様にタベアナの性質を持ち、第二段階での一〇頭の豚は、ブグの場合と同様、お返しであるソベソベと、そしてメアルファの豚から成っているのである。従って人々は、「私は等級Dの豚で白い腰蓑を購入（フォリ）した」と宣言することになるのである。

さて、北部ラガでは、規定より多くの贈与をした者が高く評価されるという点において、まさしく贈与交換の性質を持っているように見える。ところが、北部ラガにおけるやり取りでは、これまで説明してきた贈与交換の持つ重要な側面が欠落している。その側面とは、やりとりをする人間の「相互関係」が重要であるという点である。北部ラガでは、より多く贈った者は高く評価されるが、それをもらった側（つまりはより少なく出した側）の評価が低くなるのではないのだ。やり取りにおいては、与え手と受け手の相互関係が問題になるのではないのだ。例えば、ブグによるやり取りを考えよう。主人公はブグの受け手である。もし主人公が規定以上のモノをブグの与え手に贈与したとしても、ブグの与え手が負債感を持つことはないし、主人公がブグの与え手よりも地位が高くなることはない[5]。問題とされるのは、主人公がより多くのモノを与えたという点だけなのである。

やり取りをする二者関係に上下の地位の差を作りださない北部ラガでの贈与交換は、別の側面を重視している。

それは、二者関係の継続である。メメアルファというのは、「互いに助け合う」という意味を持つ動詞・メメアルの名詞形である。日常的な付き合いを頻繁にしている二人が、「我々二人のメメアルファ」という言い方をすれば、メメアルファは互酬関係の意味になる。お返しの必要ないタベアナとして与えられたものをメメアルファとして受け取るという例を先ほど紹介したが、これは、与え手との関係を持続させようという意思の表れであると考えることができる。同様に、フロに対して「いまはお返しをする余裕はない」といってソベソベをしないケースであっても、二者関係の継続は重要なものであるとされており、いずれはメメアルファのように与え返すことになるのである。

こうした関係をさらに広く言う概念が、「相互扶助」を意味するメメアルアンナである。日常的な助け合いから、仕事の相互扶助、精神的な支え、どれもメメアルアンナである。メメアルファはメメアルアンナの精神を贈与の形態で示したものだが、ブグもその精神の中にあり、フロという一方的な、押し付け的な贈与も、ボロロリの主人公を助けてくれるメメアルアンナなのである。そして、こうした関係は、いつまでも持続することが重要とされるのである。

四　あるリーダーを巡って

1　チーフとアセッサー

最上階梯に到達しチーフと呼ばれるようになると、村の決め事を行うチーフ達の会合に出席することができるようになる。議事は基本的に全員合意で決定されるが、そうしたチーフ達の集会の中で、他のチーフ達の意見を押さえて指導力を発揮するチーフが存在する。このようにチーフ達の上に立つチーフは、ビッグ・チーフと呼ばれる。西洋世界と接触する以前は、こうしたビッグ・チーフがリーダーの中のリーダーとして人々を統括していた。「土地の頂点」という名前を冠したビッグ・チーフ、フィラドロは、一九世紀末の北部ラガ全土に大きな影響力を持っていたと言われるが、当時彼は誰よりも多くの豚を殺し、多くの記章を手に入れ、階梯制の頂点に君臨していたのである。当時はまだキリスト教が浸透する以前であり、超自然的な力であるマナに対する信仰は生きていた。従って、フィラドロの権力は、誰よりも多く獲得した超自然的な力・マナを背景にもたらされたものであると言える。彼は、より多くの豚を殺してより多くのマナを獲得し、誰よりも大盤振る舞いをしてその力を見せつけることで、他のチーフよりも抜きんでた権力を手にすることができたのである。しかしキリスト教の浸透は、このシステムを崩してしまった。マナの力への信仰が消滅したからである。

マナに対する信仰が消滅した現在でも、階梯制の中で誰よりも高い位置に立っている人物には敬意が払われる。また、規定よりも多くの豚を殺して階梯を登り、規定より多くの支払いをして記章を手に入れる行為は高い名声を得る。しかし、それは必ずしも政治的な権力とは結びつかないのである。階梯制の中で高い位置に立っているチーフは、ハイ・チーフと呼ばれる。フィラドロの時代は、このハイ・チーフがそのまま権力を持つビッグ・チーフであった。しかし、マナという超自然的な力を背景にしなくなると、階梯制における高い地位だけでは人々を従わせる力を発揮することができなくなってしまったのである。その結果、近隣の中で誰よりも豚を多く殺し多くの記章を手に入れたハイ・チーフであるのに、それよりも下の位のチーフに実権を握られるようなケースも存在するようになってきたのである。

さらに、植民地統治が進むと、チーフが生活のすべてを律していたリーダーであった時代が終わり、植民地行政など近代的な事柄とかかわるリーダーが登場してきた。それが植民地行政官の現地人補佐役として任命されたアセッサーである。植民地統治は、イギリスとフランスの共同統治という形態をとったが、北部ラガはそのほとんどの地域はイギリス行政府の影響下にあった。従ってアセッサーは、イギリス系の行政官を補佐しその指示に従って人々を取りまとめる役割を演じていた。植民地行政府の代理人としての役割を持っていたアセッサーは、それと矛盾するような役割も担っていた。それは独立運動の地方における取りまとめ役である。ヴァヌアツを独立へと導いた国民党(後のヴァヌアク党)の党首で後のヴァヌアツ初代首相となったウォルター・リンギは、北部ラガ出身であった。彼が出身地に演説に来た時に、その集会に人々を招集するのに大きな役割を演じたのが、チーフではなくアセッサーであった。彼らは、植民地体制期とそれが崩壊しつつある独立萌芽期の両時期にわたって、地方のリーダーとして活動を続けていたのである。そしてチーフは伝統的な行事でのみ力を発揮するような体制が出来上がった。

独立後、ヴァヌアツは近代国家として歩み始めたが、近代的な事柄を審議する国会と並んで、伝統的なものを審議する全国チーフ評議会を設立した。地方では、この全国チーフ評議会の下部組織である地方チーフ評議会が置かれ、中央からの指令に従って伝統に関わる事柄を遂行する活動を展開した。国家行政が地方の末端に浸透するまでに時間がかかったので、国家行政を含めた近代的な事柄(いわゆるスクールの側面)と伝統的な事柄(いわゆるカストムの側面)は、どちらも地方チーフ評議会が担うことになった。私が最も長期に滞在していた一九八一年から一九八二年にかけてはそんな時期であった。しかし、国家の体制が次第に整備され、一九八七年には北部ラガにも地方政府の庁舎が建設されたのに伴い、スクールの側面は地方政府が担い、地方チーフ評議会は再びカストムの側面だけを扱うようになったのである。そうした時代の推移の中で、一貫して全国チーフ評議会の系列とは距離を置き、地方に根を張りつつもスクールとカストムの両面にわたって地方の政治家としてリーダーシップを発揮するチーフ達が存在した。私を息子として迎え入れてくれたサイモン・ブレ氏(仮名)も、そうしたリーダーの一人であった。

2　あるチーフの生活史

サイモンは一九二二年に生まれた。彼の父方の祖父は、ビッグ・チーフ、フィラドロであった。フィラドロは最後にはイギリス国教会に改宗し、多くいた息子たちの一人は、早くから教会に出かけ、最終的に学校の教員になるような先進的な人物であったが、サイモンはこの男性の息子として生を受けたのである。彼が生まれてまもなく彼の母が亡くなったので、彼は母の異母姉妹とその夫の養子となり、彼らの集落に移住した。この集落には、当時北部ラガを四分する勢力を誇っていたビッグ・チーフ、フィラティロが住んでおり、サイモンの養父はこのチーフからいわゆる帝王学を授けられていたのである。一九三〇年には、イギリス系行政官が自らを補佐する二名のアセッサーを北部ラガから選出したが、そのうちの一人がサイモンの養父だった。サイモンは同年開設されたイギリス系の初等学校に入るが、成績が良かったらしく、周りからは中等学校に進学するように勧められた。しかし彼の養父が反対した。「私の他の子どもたちは学校へ行くだろうが、おまえは島のことだけを知ればよい。そして、フィラティロが私に与えてくれたように私はおまえに私のすべてのものを授けよう」と言ったという。

サイモンは、養父のもとで伝統的なことがらを学んでいたが、第二次世界大戦でサント島にわたり、そこで駐留していたアメリカ軍のもとで働いた経験を持つ。この時、世界についての興味を持ったという。その後島に戻り、一九四五年に結婚。そして一九五二年には養父の集落を離れ自らの親族集団の土地に移り住んだのだが、この年は北部ラガ全体にとっても転換点となる重要な年となった。サイモンの実の兄は、フィジーで教育を受け医師となっていたが、植民地行政の側面でも重要な役割を演じていた。彼は、同年、植民地行政府の下部組織である地方行政事務所を設立し、そこで開催される地方評議会の議長となったのである。そして北部ラガの人々に向かって、小さな集落に散在するのをやめて集住し、より大きな集落を形成するように呼び掛けたのである。それに呼応して、サイモンも周辺にいた他の親族集団の人々にも声をかけ、大きな居住地をつくりはじめた。こうして現在の集村形態の村落が形成されることになったのである。

サイモンの最初の妻は亡くなり、一九五五年彼は二度目の結婚をする。サイモンは次第に指導力を発揮し、一九五八年には、彼の村落でコンクリート製の西洋建築による国教会の教会を建設した。これには村人の協力を得てコプラを大量につくり、それを売って建設費をねん出したというが、彼自身の個人的な出費もかなりの額に上ったようである。一九六九年には、村人の現金収入を容易にするために、コプラの積み出しに利用できる大きな倉庫を村の海岸部に建設している。サイモンは、商才にたけていたと言われており、仲間と共同統治領ニューヘブリデス全土にわたってかなり大規模な商売をしていたという。しかしそれも終わりを告げ、私が一九七四年訪れた時には、村にあった彼の商店は閉められていた。しかし、彼はトラクターと船外機付きのボートを所有し、海岸にある倉庫には常にコプラが大量に積まれていた。

サイモンは、一九六五年にはアセッサーとなり植民地行政に携わるようになった。一九七四年の段階で、北部ラガには六人のアセッサーがいたが、彼はシニア・アセッサーとして人々を取りまとめていた。彼は、地方評議会の議長を務めた彼の実兄とともに、北部ラガにおける植民地行政の代理人として活動を行っていたのである。そして、先ほど述べたように、植民地行政の代理人は、そのまま独立運動の北部ラガにおける代理人も兼ねていた。サイモンは、実兄に次ぐナンバーツーとして、北部ラガにおける独立運動の推進役となっていた。彼は、植民地行政においても独立運動においても、近代的な側面の事柄では実兄の次の位置にいた。しかし彼は、養父の教育方針もあり、「伝統的なことは彼に聞け」と言われるくらい伝統文化にも精通していた。サイモンは、スクールとカストム両方に精通した存在として知られるようになった。しかし彼はボロロリの世界にはまだ足を踏み入れていなかった。彼は人々からはある意味でリーダーの一人と思われていたが、伝統的な政治的リーダーであるチーフとは呼ばれなかったのである。

サイモンは、一九七五年にボロロリを開始した。彼は幼少のころすでにリヴシ階梯に到達し、記章としては貝製ビーズの腕輪とファリサンフルの葉を手に入れていたが、再び最初からやり直したという。一九七五年に、ファリサンフルの葉、貝製の腕輪、白い腰蓑を手に入れ、豚一〇頭の撲殺、つまりセセを終えてリヴシに到達し、翌年には、ダンス系列のゴーリ、飾り系列の赤い腰蓑とベルトを手に入れ、フィラ階梯に入っている。そして一九七七年、葉系列のマルトゥンゲトゥンゲを手に入れたうえ、まだ多くのチーフがなしえていなかった等級Eの豚一〇頭の撲殺を行ったのである。私が独立後の一九八一年に北部ラガを訪れたとき、サイモンはいわゆるハイ・チーフとして階梯制のなかの高い位置に君臨するだけではなく、アセッサーとして培ったリーダーシップを発揮し、彼の村落およびその周辺の集落において、実際に人々に影響を与え人々を取りまとめる力を持つビッグ・チーフとなっていた。

3　ビッグ・チーフとしての信念

一九八一年当時、彼の村落にはチーフが六人存在したが、彼は村で開催されるチーフ達の会合では常に主導権を握り、少なくとも二つの伝統を変えている。一つは、結婚の時に花婿側から花嫁側に引き渡される婚資に関するものである。北部ラガの慣習に従えば、婚資は豚五頭であるが、サイモンは、豚を多く持っている者は多く出し、少ししか持っていない者は少なくても良いとして、一頭から一〇頭までの幅を持たせたのである。また、財産相続のルールも変更した。北部ラガ社会は母系社会であり、慣習に従った財産相続では男の財産は彼の姉妹の息子に相続されるということになるが、サイモンは実子への相続を可能にしたのである。こうした慣習の変更は、メラネシアの世界ではビッグマンの中のビッグマンが成し遂げることであるとされているが、サイモンは、他のチーフ達の発言を押さえ、自らの考えで、彼の村落とその周辺だけに適用されることであるが、慣習を変更させることができる力を持っていたと言える。

こうした力を発揮していたサイモンは、全国チーフ評議会には参加しない。彼は、投票によって物事が決められるその民主主義体制を嫌うからである。彼は言う、「自分が賛成し全国チーフ評議会でも承認された事項が、もし国会で否決されたとするとどうなる?それでおしまいだ。その時チーフの力はどこへ行ってしまうのか?チーフに力は残らない。しかし、投票で決めるのでなければ力は残り、チーフとして別の道を探すことができる」。彼は、「大勢の人々の前でいったん主張したことを変更するわけにはいかない。そんなことをすれば、チーフの力はなくなってしまう」と考えているのだ。さらに彼は「多数が正しいわけではない」と主張する。サイモンは、チーフの統治形態として専制主義的なものを想定しているのである。「チーフの言うことは絶対で、彼はルールである。チーフがAと言えばそれはAである。しかし間違った判断をしないために、彼は信頼のおける友人のチーフを持つべきで、そちらに相談することによって自分の判断を正していけばよい」、というのがサイモンの考えるチーフの姿なのである。確かにマナに対する信仰が生きていた時代には、他の誰よりも多くのマナを身に着けたチーフは、その超自然的な力によって人々を黙らせる絶対的な権力を持つことができた。しかし、そうした信仰を否定したキリスト教が入ってきてから一五〇年近くも経過した時代に、こうしたチーフ象は成立することが難しい。サイモンは、自分だけの視点を貫き通そうとするために、種々の反発を買うこともしばしば生じたのである。

一九八一年一一月、彼は村の伝統的な裁判で被告席に座ることになった。フィリップの喪明けのためのボロロリが行われた直後である。罪状は、フィリップの死に際して慣習法を破ったというものである。慣習法によれば、ある男性が亡くなったときは、彼と同じ親族集団に属する男性は一〇〇日の間未亡人と口をきいてはならないということなのだが、サイモンはフィリップの一〇〇日目の宴が終わる前に未亡人の家に行ったというのである。変な慣習だと思うかもしれないが、理由はそれほど不合理ではない。北部ラガでは、規定婚と呼ばれる婚姻体系が存在しており、男女共に特定の親族集団の者としか結婚できないというルールがある。女性にとっては夫の親族集団がその特定の集団ということになり、夫の親族集団の男性は全員「潜在的な夫」としての位置付けを持つ。そして再婚するなら、これらの男性の中の一人ということになるのだ。だから、夫の死後は彼らだけに一定期間接近を禁止するというのもあり得ないルールではない。サイモンは二番目の妻とも死別しており、一夫一婦制を貫くキリスト教徒としても、結婚可能な「潜在的夫」の一人であった。しかし、未亡人への接近が早すぎたのである。

当初人々は、「それはよくないことだ」と言っていただけだった。しかしサイモンもその未亡人もお互いに再婚したがっているという噂が広がってきて、騒ぎが大きくなった。通常伝統的な裁判では、村のチーフ達が出した罰金刑などの結論を人々が見守る中被告に告げるだけで、被告は反論も申し開きもできない。しかしサイモンの場合はそうはいかなかった。人々は彼に罰金を払うように要求したが、彼は「いったい誰に払うのか？フィリップの家のボスは彼自身だった。しかし彼が死んだ今は、そのボスは彼の親族集団のチーフだ。それは私だ。それでは誰に罰金を支払えばよいのか」と反論する。「慣習を破ったではないか」と言われれば、「昔の本当の慣習では、ある男が死んで三日目でも一〇日目でも同じ親族集団の男がその未亡人と結婚することはできた。本当の慣習はこちらだ」と反論する。

この裁判では、チーフではない人々も何人か意見を述べた。サイモンの見解に賛意を表明したのは彼の実の息子一人で、他の人々は反対の意見だった。未亡人も被告席に座らされていたが、彼女のこの村における父にあたるチーフが最も激しく彼女を批判した。彼女は結局、しぶしぶだが罰金として赤大マット二枚を支払うことで決着がついたが、サイモンは譲らない。結婚についての本当の慣習とは何かという点についても大演説を行う。そして、彼に反対の立場の人々も演説するが、彼の理屈に太刀打ちできる理屈を出すことができない状況だった。話が膠着状態になったときに、未亡人の実の父の村から、彼女の異母兄弟たちがやってきて「父も兄も結婚には反対だと思う」と演説し、彼女を連れて村へ戻っていってしまった。その結果、自然流会のような形となり、この裁判は幕を閉じることになったのである。

以前サイモンは私に、自分が慣習を破ったことは自覚していると言っていた。しかしその時に、こうした慣習を変えるつもりだとも言っていた。それが裁判では、今の慣習が間違っているというふうに変わってきているのだ。彼は、婚資や財産相続と同じようにこの慣習も変えようと考えたが、それには人々の賛同を得ることができなかった。そこでこの慣習そのものが間違っているということで、自らの正当性を主張しようとしたのである。確かにこの慣習は間違っていると言えなくもない。というのは、一〇〇日ルールは一般の人々にとっては順守すべきことではあっても、昔のビッグ・チーフはそれを破ってきたという経緯があるからである。こうしたチーフ達の行動は、肯定的に受け止められたのではなく単に黙認されてきただけのようである。しかし黙認されてきた以上、ビッグ・チーフにとっては一〇〇日ルールが適用されないということが正当化されることになる。人々は結局、サイモンがビッグ・チーフであるということは認めており、彼を、一〇〇日ルールを破ったという点で批判できなくなったのである。残ったのは、彼と未亡人の結婚が彼女の実父によって反対されているという点だけとなった。しかし裁判から一ヶ月後、結婚に猛反対していた未亡人の実父が折れ、一二月八日、二人の結婚式が行なわれることになったのである。

4　悪評

サイモンの村落内における評判は悪い。「以前はペンテコスト島やマラクラ島の人々を使って大きな商売をしていたが、彼が金に汚いことを知ってみんな彼から離れてしまい、商売はつぶれてしまった」という。さらに、「彼はニュージーランドに旅行に行ったが、その時人々から借りた金を返してくれと言われても返さない」という話も聞こえてきた。「金に汚い」というのは村落内ではしばしば出てくる悪評である。サイモンに関しては、さらにもう一つの悪評がある。それは、「自分の考えをごり押しし、自らの非を全く認めない」というものである。前項で記述した裁判が終わったあと人々は口々に次のように言っていた。「いつもこうだ。彼は自分の言うことだけが正しいと思っている。前の二人の妻の時も、結婚したいと思ったらそれを押し通した。今回もいずれ結婚するだろう」。この二つ目の評価は、サイモンのチーフとしての信念と関連しており、それは彼の実像と一致していると言える。

さて、こうした陰口の出どころは主として村落内部であるが、サイモンの村落には彼と同じ親族集団の者があまりいないという点に留意する必要がある。村は、サイモンが異なる集団の人々に一緒に集住しようと声をかけて出来上がったものであるから、当然といえば当然であろう。彼に対する悪口は、このように異なる親族集団の人々から出ているということなのである。ところが、これらの人々は陰では悪口を言うのだが、結局、サイモンの言うことに従うのである。同じ村の他のチーフ達はと言えば、彼の前では結局何も言えず、何か言っても彼に論破されてしまう。その結果、多くの批判者がいるにもかかわらず、彼の村落では彼が人々を統括するリーダーとしてふるまうことになるのである。

こうした村落での状況と異なり、他の村落にいるサイモンと同じ親族集団の人々の間では、サイモンに対する評価は高い。確かに「自分だけが正しいと考えている」という見解は存在するが、それはあまり批判の対象とは考えられていない。そして「金に汚い」という話は、ここでは出てこない。サイモンは若いころに、借金の肩代わりをしてやったり、婚資をだしてやったりして、親族集団の人々だけではなく北部ラガの各地の人々を随分と助けてきたという。そうした彼の姿勢を見ていた親族集団を率いる最も力のあったチーフは、まだフィラ階梯にも到達していなかったサイモンを、次の親族集団を率いるチーフにすると決めていたという。さらに、多くのチーフは親から豚を出してもらってボロロリをするが、サイモンは、自分の力で豚を集めボロロリをしているので、同じ程度の位置にいる他のチーフと比べても、彼の方が上だと評価されているのである。どちらが彼の実像なのだろうか?

確かにサイモンは、現金をたくさん持っている者はそれを必要としている者に援助すべきだと考えており、官庁で働き結構な収入を得ている彼の息子に無心する。彼の息子の一人で「日本という裕福な国」から来た私にも、様々に無心をする。そして自分の持っているヴィジョンを実現する上で、多額の費用が必要な時には、政府に「無心」する。ニュージーランド旅行の時も、確かに現金を稼いでいる人々からはお金を借りたが、現金をそれほど持ち合わせていない村人には「無心」をしていないようである。

サイモンはこの旅行の「借金」に関して私に、「彼らは私を助けてくれた」と言っていた。「助ける」ことはメメアルアンナ（総合扶助）の一環である。そしてそれは、借金のように同じく現金で返済するとは限らない性質を持っている。サイモンは、自分の財をなげうってでも村や島のために活動を続けてきたと自負しており、ニュージーランド行きで助けてもらったお金に対しても、別の方法でみんなに還元すると考えていたのだ。自分勝手といえばそうだが、伝統的なやり方に則っているといえばそうであろう。そして、村人はそうした話を小耳に挟むだけで、自分たちが直接「損をする」ような目にあっているわけではない。しかし、村人の多くはサイモンとは違う親族集団に属しており、それらの集団のチーフは、地方チーフ評議会のメンバーとなっていてサイモンと対立している。こうした構図が悪評の源泉であり、村人がサイモンを批判しても批判しきれないのは、彼らは結局、実質的に彼から何らかの恩恵を受けてきたからなのである。

さて村落と親族集団という二つの集団における評価の違いを見てきたが、両集団でサイモンに対する評価が一致する点がある。それは、弁舌の能力に対してである。「彼は小さなことでも遠回りして言うので、聞いている方は分からなくなる」と人々が口をそろえて言うが、サイモンは確かに人々を煙に巻く話術にたけていると言える。そして彼を批判する人々も、「他のチーフは町にでると何も言えなくなってしまうが、サイモンはそこでも誰に対してもはっきりと物を言う」と評価するのである。一九八三年に、独立してから初めて新政府の地方における末端行政をになう地方評議会のメンバー選出選挙が行われたが、サイモンはそれに立候補し、当選している。村落内部においてで陰口をたたかれたとしても、サイモンは、結局リーダーとして選出されるのである。

5　挑戦

サイモンと全国チーフ評議会との間の溝は、年を経るに従って深まっていった。サイモンはますます、全国チーフ評議会の北部ラガにおける末端組織である地方チーフ評議会を無視し、自分以外のチーフを無能呼ばわりして単独で行動するようになっていった。一九八九年には、彼は単独で自分の村落にコミュニティ・ホールを作るという名目で政府に援助金の申請をし、それが採択されたのである。ところが、北部ラガの他のチーフ達の何人かがそのプロジェクトに反対する署名をして訴えたため、すべての人の同意を得ないプロジェクトに援助金を出すわけにはいかないということで、一九九一年になってからその決定が覆されたのだ。チーフ達が反対した理由は、サイモンは政府からお金をとってきても自分の利益のためにだけ使ってしまうから、というものだった。このプロジェクトの前に、サイモンは、自分が所有していたトラクターとコプラ倉庫が台風によって破壊されたとして政府から援助金をもらっていたのだが、彼はそのお金を懐にしまったという噂が流れ、それが今回のプロジェクトの疑義への引き金になったという。

しかし一九九一年にサイモンと会った時には、確かに彼は現金を持ってはいなかった。村の商店で買い物をする時も、フロ（つけ）で買っていたほどである。首都では、彼はタクシーに乗っても支払う金がなく無賃乗車するので、タクシーは彼が手を挙げても止まらないという話まで聞いた。どう考えても、プロジェクト金を着服したという様子には見えなかった。しかし確かにトラクターとボートを所有していた。プロジェクト金で手にいれたのであろう。そしてトラクターもボートも、人々や荷を運ぶときには運賃をとっていた。人々は、それを称して個人的な利益のために公金を使ったと考えているのかもしれない。しかしちょっと考えればわかるが、これらを動かすためには燃料がいるのであり、都市から離れた北部ラガでは燃料はより高価なものとなる。運賃を取らないで運営することなど、できない話であろう。なお、サイモンは銀行からさらに借金をして合計三台のトラックを所有したという。そしてそのうちの一台は島の中部に借りだされており、そこでは人々は「サイモンのトラックが我々を助けてくれている」と感謝の意を表しているのを私は自分の耳で聞いているのである。

さて話をコミュニティ・ホールに戻そう。サイモンは、台風で壊れてしまった村の集会所であるガマリに代わって、コンクリート製の立派な集会所を建設しようとしたのだ。それは島全体の発展のためにどうしても必要なものである、とサイモンは強調する。しかし彼は同時に、コミュニティ・ホールの事務所を建てて、そこを自宅として使用しようとも考えた。この点を捉えて、人々は、台風で壊れた自宅をプロジェクトの金を使って新築しようとしていると考えたのである。政府に申請したときは問題なく採択されたのだから、サイモン個人の利益となるようなプロジェクトとは政府からも考えられていなかったはずである。しかし、その前のプロジェクトについての風評によって、このプロジェクトにおいても「金に汚い」というイメージが増幅されたのである。そもそも、コンクリート製の集会所に関しては、村人から抵抗があった。人々の中には、「もしサイモンが（屋根材として）サゴヤシを切ってきて伝統的な集会所を作れと命令すれば、すぐにでも新しい集会所を我々は喜んで作る」という人もいたのだが、サイモンは、それを受け付けなかったのである。

サイモンは、私が一九九二年にヴァヌアツを訪れたときには、首都の息子のところに身を寄せていた。彼は、政府と掛け合ってコミュニティ・ホール建設資金を手にしようと交渉の日々を送っていたのである。彼は、村人からコンクリート製の集会所に反対する声があることを知っている。また北部ラガのチーフ達が、徹底的にサイモンの計画に反対しようとしていることも承知している。さらに、首都の人々や政府関係の人々が、援助金を手に入れるために政府機関に通い続ける姿を見て「バカ」呼ばわりしていることさえ、知っていた。しかし彼は言う。「トラックを持った時もみんな反対したが、そのおかげで簡易水道をつくることができたし、今はみんなそれを利用している。このプロジェクトもみんな反対しているけれど、私はやる」。

そして一九九七年には、なんと、ニュージーランド大使館から基金を獲得し、コミュニティ・ホール建設に乗り出したのである。しかし今度の計画は、伝統的な建築による建物に変わっていた。一九八九年のプロジェクトでは、村人の反対があったにもかかわらず彼がコンクリート製に固執したのは、チーフが一度コンクリート製のホールを作ると宣言した以上それを撤回できないというのが理由だった。そのホール建設が結局頓挫して、チーフは「別の道」を見出した。そして今度は、サゴヤシの屋根の伝統的な集会所を作ると宣言したのである。サイモンがこだわった「チーフの力」は、守られた形となったのである。このときすでに七五歳となっていたサイモンは、人々からは「古老」と呼ばれていた。そして時代は、彼の子供の世代へと移っていたのである。彼の息子の一人は、北部ラガの地方チーフ評議会のセクレタリーを務め、村でサイモンと同じ親族集団に属し彼に最も寄り添っていた若者もチーフとなり、地方チーフ評議会で要職を務めていいた。関係は変わってきたのである。このチーフに村をまとめる役割を託したサイモンは、隠居生活にはいり、二〇一一年、天寿を全うした。

私は一九九七年を境としてヴァヌアツの都市調査に入ったため、都市在住のサイモンの子供たちや甥たちに話を聞くだけで、北部ラガを訪れることはなかった。そして二〇一三年に久しぶりに北部ラガを訪れた時、サイモンの村には大きな伝統的な集会所・ガマリがあることを見出した。さらに、隣村には、太陽発電装置によってインターネット接続された多くのコンピューターが配備されている近代的な建物があり、そこはサイモンのオフィスと呼ばれていることを知ることになったのである。

五　階梯制社会におけるリーダーシップの構造

1　交換とリーダーシップ

リーダーとなるために通過すべきボロロリ儀礼は、まさしく交換儀礼である。そこでは様々な人物が登場し、豚を始め様々な財のやり取りが展開される。ニューギニアにおける伝統的リーダーシップの研究では、こうした交換の場でいろんな役割を演じることが、ビッグマンとしてのリーダーシップ獲得といかに関連するのかという議論が盛んに行なわれてきた［cf. Strathern 1971, Meggitt 1971］。そして、交換を通して名声や富を蓄積しそれを基盤にリーダーシップを発揮するという仕組みが、ヴァヌアツの階梯制においても見出せるという研究も現れた［Blackwood 1981］。しかし第三節で論じたように、ニューギニアのビッグマン制に広く見られる贈与交換の仕組みとヴァヌアツの階梯制における交換の仕組みは、根本的なところで違いが存在する。それを改めて言えば、ビッグマン制を支える贈与交換では均衡的互酬性が強く働き、相手よりも多く贈った者は相手よりも地位が高くなる（より多くの名声を獲得する）というからくりを内包する。一方階梯制における交換では、交換するパートナー同士の関係はあまり問題にならない。つまり、より多く贈った方の地位は上昇するが、より多く贈られた方の地位が下降するということはないのだ。この点を踏まえて、交換における様々な役割が名声や富とどう関連するのか考察していくことにしよう。

ボロロリ儀礼では様々な役割を演じる人々が登場する。まず、儀礼の主人公。彼はしかし儀礼を取り仕切るのではない。儀礼を取り仕切るのは彼の親族集団に属するチーフ達であり、彼らが儀礼の手順、何を購入するか、どの程度の豚を殺すかなどを相談して決める。しかし当日贈与される豚の種類と数によって、それが変更されることがしばしば生じるのは記述してきた通りである。儀礼の登場人物としてさらに、フロ（あるいはソベソベ）の与え手、ブグの与え手がいる。また記章の与え手も登場する。こうして与えられる豚や記章を受け取りにいくとき、主人公は別の人物に先導されて儀礼場をダンスしながら受け取りに行くのが一般的である。この先導者は、主人公よりも位が高い者であり、主人公がまだ経験した事のない段階のボロロリをするので、それを先導するという役割を演じている。

さて、先導者はその役割を演じたからといって、そしてその役割故に、名声を獲得することはない。また、彼の先導という行為に対して主人公などからお礼がなされるわけでもない。先導者は、儀礼を遂行する上で形式上必要なものであると考えられているが、その役割を演じることはなんら評価の対象とはならないので、その儀礼で別の役割を演じる者が兼ねることも多い。ただしボロロリ儀礼は、観客を前にして儀礼の参加者が飾り物などで自らの地位を示しつつ行われるパフォーマンスの儀礼でもある。従って、儀礼場をダンスしながら進む姿が堂に入っていれば、人々は称賛する。そして、次の先導者の依頼が来ることはあり得る。しかし、それだけであり、名声や富の獲得には結びつかない。

これと同様に名声や富とあまり関係のない役割が、儀礼を取り仕切るチーフ達のそれである。彼らは、儀礼の進行をつかさどるだけではなく、儀礼の中で支払いの豚の等級を説明したり、豚名を告知したりする役割も演じる。しかし、彼らはいわばボランティアでこうした役割を引き受けているのであり、その役割に対して何らかのお礼がなされるわけではない。また、彼らは儀礼を成功に導く「義務」があるとされており、成功して当たり前という視点から評価を受ける。だから、豚の等級や豚の用いられ方を巡って紛糾した場合、その責任はこれらチーフ達に帰せられる。そして、もし儀礼がきわめてスムーズに進行し、規定以上の豚の支払いや規定以上の数の豚が殺され、その意味で素晴らしいものであったとしても、称賛されるのは主人公だけであって、これらチーフ達の名声につながるわけではないのである。

これら二者の役割に対して、豚や記章の与え手という役割は少し位置づけが異なる。彼らと主人公の間では、実際に伝統的財である豚がやり取りされるのであり、与え手と受け手のメメアルアンナ（相互扶助）の関係が評価の対象となるからである。例えば、フロとしての豚をもらった場合は、受け手はソベソベとして返却することでメメアルアンナを完遂するのだが、それがあまりにも遅れたり返却の拒否が何度も続けば、人々からの評価は下がる。スムーズなやり取りがなされるに越したことはないからである。それはブグに関しても同じである。第二段階のやり取りなどがスムーズに行われることが望まれる。しかし、儀礼では実際に集まる豚の数と等級が不明なため、そうしたやり取りでは、規定よりも等級の低い豚しか引き渡せないことも生じる。先述したように、それは儀礼を取り仕切るチーフ達の責任にされ、規定よりも価値の低い豚を拠出した主人公はさして批判の対象にはならないが、一方、こうした「損な取引」を文句ひとつ言わずに受けれた側は、高い名声を獲得することになる。それは「度量の広さ」を人々に示したからである。この「度量の広さ」を示すことは、ボロロリにおいて重要な要素を占めているのである。

ところで、飾り系列の記章の場合もブグの場合も、それらの与え手は「利子」をつけたお返しを受け取るため、経済的見地から言えば伝統的財である豚が蓄積することになり、かなり得な交換ということになる。しかも飾り系列の記章であれば、一旦ボロロリでそれを身に着ける権利を獲得すれば、その後は、それが欲しい人々に何回でも与える権利を持つことになる。そうなると「利子」はますます膨れ上がり、理論的には富の蓄積が膨大なものになるはずである。しかし、これら「利子の豚」は「メメアルファの豚」でもあることを思い出す必要がある。いつか与え返すものとして位置づけられているので、例えば飾り記章を複数の人に与え利子の豚を多量に受け取ったとしても、いずれ彼らに別の飾り記章を依頼するか、ブグの豚を依頼するかして、メメアルファを完遂することが望まれるのである。それをしなくても、罰則はない。そして蓄積した富を、今度は、自分の次のステップのボロロリに投入することで、より高い位に到達することも可能である。しかし、メメアルファをきちんと踏まえた交換をしない者には、飾り記章やブグの依頼がたくさん来るとは考えにくいので、結局は、特定の者に利子の豚が蓄積し続けることもないのだ。

ただし、より多くの記章を手に入れたチーフには、記章の与え手としての依頼が来る機会は多くなる。彼は、メアルファを実行するタイミングなどをうまく調整することで富としての豚をうまく管理し、自らの位を高くするために用いることができる可能性は高い。そして特に「度量の広さ」を示して名声を得たチーフには、より多くのブグ、記章の与え手としての依頼が来ることになる。というのは、度量の広い相手とのやり取りは、豚のやり取りに限らずメアルアンナの関係がスムーズに進み実のあるものとなるからである。こうしたチーフの姿は、まさしく交換をとおして富を操作し、蓄積した富を分配することで権力を獲得していくニューギニアのビッグマンの姿と重なる。しかし、階梯制では蓄積した財を誰かに贈与したり分配したりすることで力をつけるのではなく、それらを自分の儀礼で消費する（豚の撲殺や豚による支払いをする）ことで、より高い位に到達していくということになるのである。

2　リーダーの力

階梯制の中で誰よりも高い位置に立つことは、マナの力が生きていた時代にはそのまま権力に結びついた。しかしマナ信仰が消滅した現在は、階梯制の中の高い位置だけではリーダーとしての力を生み出さない。もちろんそれが高いに越したことはない。階梯制の中でより高い位置に立つことは、現在でもチーフが力を発揮するために必要な要件ではある。というのは、フィラ階梯に到達したばかりの若手のチーフは、すでに等級Eの豚一〇頭の撲殺を終え、規定の様々な記章を購入し終わっているチーフと対等であるとは誰も考えないからである。しかし、先述のサイモンの例を考えてみよう。彼は確かに高い位にいるハイ・チーフではあるが、同じ村には同等級のハイ・チーフはいるし、隣村には彼よりもさらに位の高いチーフがいる。それでもサイモンは、この隣村も含めて最もリーダーシップを発揮するチーフなのである。

さてリーダーの実際の統率力の源泉の一つとして、「継承」というものが考えられる。コドリントンは北部ラガにおける「霊的な力」を論じる中で、そうした霊的な力が知識や財産などとともに「相続」されると論じているが[Codrington 1891]、相続も継承も北部ラガの言葉ではヘヘイと表現される。そして霊的な力への信仰が消えた今も、先任者の地位はヘヘイ(継承)されるという認識は息づいている。サイモンがアセッサーに就任する前に、先任者である彼の養父が大勢の人々を前にして「次のアセッサーはサイモンである」と宣言したことがあるが、これがサイモンから見れば「力を受け継いだ」ことを意味しているのである。さらにサイモンの親族集団を統括するチーフが、「次のチーフはサイモンである」と周りの人々に言っていたことも、結局は地位の継承を意味している。かつての階梯制では、チーフの地位は世襲されたわけではないが、このように霊的な力さえ相続され、その地位は「継承」されてきたのである。現在は、こうした継承は必ずしも決定的な要因にはならないが、それでも、チーフが人々を率いる力を持つことの一つの証として存在しているということはいえる。

ただし、力を受け継ぐためには、後継者とされる者が先任者から高く評価されていなければならない。高い評価を生むのが、人々を助けるという行為である。サイモンが次期チーフとして名指しされたのは、彼が多くの人々を援助してきたという実績を評価されてのことなのだ。チーフのいる最上階梯のフィラというのは「花」という意味であり、花が咲いて果実が実るように、人々に恵みを与えるというのがチーフの姿として思い描かれているのである。また、花としての恵みと並んで「人々を強い日差しから守るバンヤン樹」のようでなければならないと言われるが、人々に恩恵を与え人々を庇護する姿こそがチーフとしての理想的な姿なのである。サイモンは自分の村で、機会があるごとに人々に食事を振る舞うなど、花としてのチーフを演出してきた。チーフになる前も、自腹を切って教会の建設などに尽力し、道路や簡易水道も作ってきた。またアセッサーとしても自らの財を大量につぎ込んで一生懸命に活動を行ってきたと言われている。これらはすべて、彼自身が「チーフたる者は、花として、そして庇護者としてのチーフでなければならない」と考えてきたからである。そして彼は、政府から援助金を何度も獲得しており、これらの援助金は基本的に村や島の近代化に使われてきている。これもまた「花として恵みを与える」チーフの活動の一つであり、他のどのチーフも彼に太刀打ちできない点でもある。

ただ、こうした「花としてのチーフ」はチーフと普通の人々との間における関係であり、チーフ相互の関係を左右するわけではない。もちろん、人々から花として恵みを与えてくれるという評価が高ければ、他のチーフも一目おかねばならない。しかし、合議制で行われるチーフ達の会議で、なんといっても重要なのは、他のチーフ達の発言を押さえて自らの発言を通すその弁舌の能力である。サイモンがこの能力にたけていることはすでに述べたが、彼は、この能力を用いて人々の間のもめ事をしばしば調停してきた。かつてのチーフは、手を挙げるだけで戦闘状態を中止させることができたと言われているが、チーフに必要な力の一つとして、こうした戦闘・紛糾を中断させ調停することが求められているのである。マナの力がなくなった現在は、こうした状態は弁舌によってのみもたらされる。そして私が滞在していた時も、内陸部の村落で起こったチーフと学校のもめ事をその村落の他のチーフ達では解決できなかったが、サイモンが駆けつけて実際に解決しているのである。

サイモンは、第二次世界大戦の時にアメリカ軍の下で働き、ニュージーランドをはじめとした太平洋への旅行に出かけて世界を見ている。近代的なスクールの側面についての知識がこうして培われたが、もちろん、学校の先生や国会議員ほどは知識も見識もない。しかしサイモンは、彼らにはないもの、つまり、伝統的なカストムについての豊富な知識がある。そして何よりも重要なのは、こうしたスクールとカストムの事柄を彼の頭の中できちんと整理して人々に提示する力を持っているということである。こうした力が弁舌における論理を生み出し、人々を説き伏せるのである。さらに、彼はアセッサーとして活動し、独立運動の重要なメンバーとして活動をすることで、ヴァヌアツ中にその名前を知られる存在となり、都市部においても多くの知己を持つ。そのため、彼はそうしたコネクションを使って交渉を有利に進めることもできる。例えば彼は、首都に出たが仕事に就けない村の若者の話を聞けば、自腹を切って飛行機に乗り、首都で企業と掛け合って就職させたという実績を持つ。また、村の小学校の教員が、ふと「転勤はいやだな」と漏らしたら、彼は首都に飛んでいき、教育省と掛け合って転勤をやめさせたこともある。「町で話ができるのはサイモンだけだ」という村人の認識は正しいのである。

3　ビッグマンと首長を橋渡しする

サーリンズの政治的リーダーに関する有名なタイポロジーによって、ビッグマンと首長は相反する性質を持つものとして提示されてきた［サーリンズ　一九七六］。その違いを簡潔にまとめると表4のようになる。しかし北部ラガにおけるチーフの姿は、この両者の狭間に位置するように思える。確かに現在の北部ラガにおけるリーダーシップのあり方は、前項で述べたサイモンの事例を見て分かるように、ビッグマン制のそれに近いといえる。ただしそれは、リーダーの中のリーダーが持つ力に関してである。北部ラガでは、最上階梯のフィラに到達すればチーフとして政治活動を行うことができるのであり、一度その階梯に到達すればチーフという座から落ちることはない。その意味で、チーフというポストはオフィスであると言えよう（表4）。さらにかつてのチーフに目をやれば、それはより首長に近い存在であったということができる。というのも、フィラ階梯に入った段階でそれより下の階梯のものよりも大きな超自然的な力・マナを獲得したのであり、チーフの中のチーフは、より大きな超自然的力を獲得すると同時に、先任者から地位を継承して人々の上に君臨したからである。

ところで、ビッグマンと首長を橋渡しするという視点からオセアニアを見渡せば、首長らしくない「辺境の首長」

表4　首長とビッグマン

首長という地位	ビッグマンという地位
生得的なもの	獲得的なもの
世襲的に継承される	世襲的に継承されない
オフィス＊という性質を持つ	オフィス＊ではない
個人的な能力は問われない	個人的な能力が問われる
超自然的な力の保持により権力を手にする	富を操作することで権力を手にする

＊「誰でも、それに就くことによってそれが持っている権利、権力を用いることができる」という性質を持つポストのこと。会社の社長などのポストがその例。

やビッグマンらしくない「辺境のビッグマン」を見出すことはさして難しくはないのである。例えば、ヴァヌアツ中部のグナ島には序列のついたタイトルがあり、それらは理念的には生得的にもたらされるとされ、最上位のタイトルを継承した者が村の首長となる。しかし現実には、この後継者は、誰が首長にふさわしいのかという個人的な力量を勘案して協議されたうえで選出される。そして他の村を含めた広い範囲では、個人的な力のある首長が他の首長を押さえて統括者として君臨する［Facey 1981］。まさしくビッグマン的な要素がかなり入り込んでいると言えよう。

さらに首長制社会として有名なサモアも、サーリンズの想定した典型的な首長制とは一線を画する。サモアでは、序列のある様々なタイトルが存在し、それらのタイトルは代々親族集団の中で世襲的に継承されていく。そしてタイトルを継承した者が首長とされるが、タイトルの序列の優劣が保持者の権力の優劣と連動してはいない。そして合議で行われる政治集会では、一定以上のタイトルを持った首長は発言する権限を持つという［山本 一九八四］。ピラミッド型の階層社会の頂点に立つ首長が、その超自然的力を背景に君臨するという典型的な首長制からは遠い位置にあると言える。

一方、辺境のビッグマンの例として、ソロモン諸島のチョイスル島のリーダーを上げることができる。チョイスルでは、集団のリーダーは戦争や贈与交換で成功するなどの能力を常に人々に示さねばならず、それがなくなったら別の人物にリーダーの地位を奪われてしまう。まさしくビッグマンの姿だが、理念的にはこの地位は継承されると考えられており、リーダーの息子は「若いリーダー」として尊敬の対象になる。ただし彼が実際に父を継承するためには、やはり個人的な力量を示す必要がある。獲得的な要素と生得的な要素が混ざっているが、リーダーは超自然的な袈裟を所有すると言われているところを見ると、彼の力の源泉は、贈与交換での成功などの個人的な力量だけではなさそうである［Scheffler 1965］。

ビッグマンではないリーダーということで、ゴドリエが提起したのがグレートマンという概念である。パプアニューギニアのバルヤ社会を研究したゴドリエは、バルヤにおける「偉大な戦士」、「ヒクイドリ・ハンター」などをリーダーと位置付け、それをグレートマンと命名した。グレートマンの名声は広く知れ渡り、それぞれの分野でリーダーとして振る舞うが、彼の力は競争的な交換における富の操作から来るのではなく、生得的な要素と獲得的な要素が絡み合う所から生れるという。例えば「偉大な戦士」は、戦士が輩出される親族集団に生まれ、肉体的な強さを持ち、勇敢であり、敵が誰であるかなどを夢を通して知る能力を持ち、特別な呪文の知識を持つことで、名を馳せるのである［Godelier 1986］。この事例も、ビッグマン的な特徴と首長的な特徴が入り混じっているケースであると言える。

辺境のビッグマンの事例をもう一つだけ挙げよう。ビッグマンの社会として報告されてきたパプアニューギニアのカラヴァル島では、伝統的な貨幣として用いられてきた貝貨を供給する力のある者が集団のリーダーとなり、その力がなくなると、人々は別のリーダーのもとに集まって新たな集団を形成する。富の分配によって権力を獲得するビッグマンの姿であるが、この社会には仮面と関連した儀礼階梯があり、リーダーはその最終階梯に到達していなければならない。階梯を登るために多量の貝貨が必要であり、さらに、最上階梯に到達すると超自然的な力を持っているとされるある仮面を購入する必要がある。そしてこの仮面を持つことで、霊をコントロールできるとされているのである［Errington 1974］。この社会のリーダーの姿は、多くの点で北部ラガのチーフの姿と重なるであろう。

さて話を再び北部ラガに戻そう。北部ラガではそれぞれの階梯に入るたびに、豚名と呼ばれる階梯にちなんだ名前を付けてもらう。私の豚名は、タリ階梯ではタリハラ、モリ階梯ではモルメメアである。序で取り上げたジョージ・トアという個人名を持つ人物の場合、ジョージがクリスチャン名、トアが北部ラガ固有の名前、そして彼がリヴシ階梯に入ってもらった豚名がリヴシリウである。日常生活では個人名が呼称で用いられることが多いが、少しあらたまった言い方の場合や儀礼においては、一番最近に獲得した豚名が必ず用いられる。また、亡くなったビッグ・チーフは個人名で語られることはほとんどなく、その豚名だけが記憶に残ることになる。「土地の頂点」という名前を自らにつけた偉大なチーフの個人名は現在知られておらず、彼がフィラ階梯に入った時に得た豚名であるフィラドロという名だけで記憶されている。

このように豚名というのは、それを持っている人物の所属する階梯を常に人々に知らしめる役割を持っているのであり、人々の序列を明確に提示するものとなっている。現在は最終階梯を除けば階梯間に実質的に大きな違いはないといえるが、かつては、集会所であるガマリの中に階梯に合わせていくかの炉が作られており、自分の階梯の炉のところでしか食事ができなかったとされているなど [cf. Codrington 1891]、階梯間は社会的に差異化されており、なかば階層化されていたようである。つまり、階梯名が豚名に組み込まれて人々に知られることで、階梯名があたかも序列のあるタイトルのようにして意識されていたと考えることができよう。従来のオセアニア研究では、タイトルは首長制との関係だけで考えられており、それが生得的に継承されるという視点からだけしか考察されてこなかった。しかし、獲得されるタイトルという視点を導入すれば、本節で取り上げたヴァヌアツのグナ島、サモアのシステムをはじめとして、北部ラガの階梯制、ニューギニアのカラヴァルの事例、そしてゴドリエの言う「偉大な戦士」などのグレートマンでさえ、タイトル・ホールディング・システムという地平から見直すことが可能となろう。

オセアニアにおける伝統的な政治体系は、従来はビッグマンと首長という対比、つまりは差異の指標を軸にして論じてられてきた。しかし、ヴァヌアツの階梯制社会におけるリーダーの姿は、差異よりも連続という視点からオセアニアの政治形態を考える必要があるということを教えてくれるのである。

註

（1）北部ラガは母系社会であり、子ども達は母親と同じ親族集団に帰属する。しかも同じ親族集団に帰属する人々は世代と性によって区分されているため、その中で自分と同じ世代の男たちは、自分が男の場合は、全員「兄弟」と呼ばれることになる。さらに、同性の兄弟姉妹は親族名称上同一として扱われるので、「父の兄弟」は「父」と呼ばれ、「母の姉妹」は「母」と呼ばれ、たくさんの父、たくさんの母がいる社会となる。

（2）ピジン語とは、母語の異なる人々が意思疎通のために用いる共通語であるリンガフランカの一種で、ヴァヌアツではビスラマと呼ばれる。都市部を中心にそれを母語とする人々がいることから考えれば、言語学的にはクレオールという位置づけを与えられることになる。

（3）この一〇頭の豚は儀礼場に打ちこまれた杭に繋がれるが、最初の豚は腕輪に対する支払いと言われ、等級Dの豚が指定されている。また二番目の豚は等級E以上と決められている。というのは、腕輪の与え手がフロとして持ってきた豚（等級E以上）に対するソベソベを、この場でしてしまうことになっているからである。三種類の葉やフクロウの羽根に対する支払いの豚の等級はCかBと言われるが、あまり厳密ではない。

（4）ブグの場合、与え手からは合計豚五頭が引き渡され、飾り記章の場合、与え手からは豚四頭が引き渡される。ブグと飾り記章二つを同時に与えた場合は、与え手から中間のやり取りで引き渡される豚は三頭で良いとされており、ブグの豚を含めて合計豚四頭が与え手から、受け手からは、計一二頭の豚が渡されることになる。

（5）本書の元となっている拙著『メラネシアの位階階梯制社会』では、北部ラガの交換では当事者間の地位に上下の差を作り出さないという点、つまり均衡的互酬性ではないという点を、特に強調していなかった。しかしその点こそが重要であると、今は考えている。

参考文献

Blackwood, P.
1981 "Rank, Exchange and Leadership in Four Vanuatu Societies." In *Vanuatu: Politics, Economics and Ritual in Island Melanesia* (ed.) M. Allen. Sydney: Academic Press.

Codrington, R.H.

1891 *The Melanesians: Studies in Their Anthropology and Folklore.* Oxford: Clarendon Press.

Errington, F. K.
1974 *Karavar: Masks and Power in a Melanesian Ritual.* Ithaca: Cornell Univ. Press.

Facey, E.E.
1981 "Hereditary Chiefship in Nguna." In *Vanuatu: Politics, Economics and Ritual in Island Melanesia* (ed.) M. Allen. Sydney: Academic Press.

Godelier, M.
1986 *The Making of Great Men. Male Domination and Power Among the New Guinea Baruya.* (R.Swyer, trans.) Cambridge: Cambridge Univ. Press.

Gregory, C.
1982 *Gifts and Commodities.* London: Academic Press.

モース、M
二〇一四『贈与論　他二編』森山工訳、東京：岩波書店。

サーリンズ、M
一九七六「プア・マン　リッチ・マン　ビッグ・マン　チーフ——メラネシアとポリネシアにおける政治組織の類型」サーリンズ、M・E・サーヴィズ著『進化と文化』山田隆治訳、一八一—二二一頁、東京：新泉社。
二〇一二『石器時代の経済学』山内 昶訳、東京：法政大学出版会。

Scheffler, H.W.
1965 *Choiseul Island Social Structure.* Berkeley: Univ. of California Press.

Strathern, A.
1971 *The Rope of Moka.* Cambridge: Cambridge Univ. Press.

山本真鳥
一九八四「ファレアタの地縁組織」『国立民族学博物館研究報告』九巻一号：一五一—一八九。

吉岡政徳
一九九八『メラネシアの位階階梯制社会——北部ラガにおける親族・交換・リーダーシップ』東京：風響社。
二〇〇五『反・ポストコロニアル人類学——ポストコロニアルを生きるメラネシア』東京：風響社。

ていると、「なぜ私の写真を載せない！」と叱られたものだ。だから彼の本名をここで紹介することは、彼にとっても本望だろう。彼の名前は、サイラス・ンガーリ・レオ・ブレ。豚名は、祖父の豚名を継承してフィラドロという。彼がいてくれたおかげで、私は北部ラガの親族体系に入り込むことができたし、フィールドで出会った困難から何度も救われた。天国にいるであろう彼に本書を捧げることで、タタ・サイラス（父サイラス）のご冥福をお祈りしたい。

最後になったが、本書を書くにあたって、風響社の石井さんにはまたまたお世話になった。タタ・サイラスのお陰でフィールドワークが可能となったように、石井さんのお陰でフィールドからの声を民族誌としてまとめることが実現してきた。深い謝意を捧げたい。

あとがき

2016年3月、『ラガ――見えない大陸への接近』というタイトルの本が日本語訳で出版された。この本は、ノーベル文学賞を受賞したフランスの作家ル・クレジオが、短期間ながらヴァヌアツのラガ島（ペンテコスト島）中部に立ち寄り、そこで見聞きした事をもとに書き綴ったエッセーである。さっそく読んでみた。読後感は、「予想通り残念」というものだった。ラガはまったく進化しない原始社会として、そして同時に、文明の毒牙に侵されていない失楽園として描かれていたのである。私は「ル・クレジオの『ラガー見えない大陸への接近』を読む」と題した書評論文を『近代』115号（神戸大学大学院国際文化学研究科）に上程したので、ここでは詳しくは述べないが、パナマの先住民のもとでの長期にわたる生活を体験したル・クレジオをしても、西洋中心的というか自文化中心主義的な視点から抜け出せないことは、異文化と向き合うことの難しさを語っていると言える。

自文化中心主義を批判するということは、文化人類学の中核的な仕事であった。そして、ポストコロニアル批判を経た後も、依然として文化人類学にとって軸となる視点であると私は考えている。我々分析する側が、自分たちの理論を武器に「この社会はこれこれの文化を持っている」という形で民族誌を書くことは、今や本質主義的だという批判を免れないだろう。しかし、当該社会の人々が考えていること、彼らが「真正」だと考えていることを抽出することで、その社会を描くことは出来るだろう。それはフィールドワークを実施してきた人類学が、フィールドからの声を踏まえた記述をするということを意味している。

本書は、『メラネシアの位階階梯制社会――北部ラガにおける親族・交換・リーダーシップ』（1998年、風響社）で詳細に記述した民族誌的事例を踏まえながら、それ以降に得たフィールドからの知見も加味して、ブックレットとして書き下ろしたものである。フィールドの声を踏まえた記述を心掛けたが、うまくいったかどうか。なお、本書は私が知りえた北部ラガの文化を書いたものであり、それは別の見方で描くこともできるたくさんある北部ラガのリアリティの一つにすぎない、ということも付け加えておこう。

ところで、本書の主役であるサイモン・ブレ氏は、自分の地位や借財までも人前で公表することが当たり前の北部ラガ社会の中にあって、ひときわ自己のプレゼンスにこだわったビッグ・チーフだった。私が書いた論文を彼に贈呈しても、別の人物の写真が載っ

著者紹介

吉岡政徳（よしおか　まさのり）

1951 年生まれ。奈良市出身。東京都立大学大学院社会科学研究科単位取得退学。社会人類学博士。神戸大学名誉教授。現在、放送大学兵庫学習センター客員教授。主な著書として、『メラネシアの位階階梯制社会―北部ラガにおける親族・交換・リーダーシップ』（1998 年、風響社）、『反・ポストコロニアル人類学―ポストコロニアルを生きるメラネシア』（2005 年、風響社）、*The Story of Raga—David Tevimule's Ethnography on His Own Society, North Raga of Vanuatu*.(2013, The Japanese Society for Oceanic Studies)、『ゲマインシャフト都市―南太平洋の都市人類学』（2016 年、風響社）など。

豚を殺して偉くなる　メラネシアの階梯制社会におけるリーダーへの道

2018 年 1 月 30 日　印刷
2018 年 2 月 10 日　発行

著　者　吉　岡　政　徳

発行者　石　井　　雅

発行所　株式会社　風響社

東京都北区田端 4-14-9（〒 114-0014）
Tel 03（3828）9249　振替 00110-0-553554
印刷　モリモト印刷

ISBN987-4-89489-401-3　C0039